H. Dieter Neumann

SO SCHNELL SCHIESSEN DIE PREUSSEN NICHT!

Redewendungen aus der Welt des Militärs

Für meinen Freund
Dr. Michael Schmidt, Oberfeldarzt a.D.,
stellvertretend für alle Kameraden aus meiner Dienstzeit
in der Luftwaffe der Deutschen Bundeswehr

H. Dieter Neumann

So schnell schießen die Preußen nicht!
Redewendungen aus der Welt des Militärs

Copyright © 2015 by Regionalia Verlag GmbH, Rheinbach
Alle Rechte vorbehalten

Einbandgestaltung: Handverlesen Gbr, Bonn
Layout und Satz: Derek Gotzen, artworkcreations.de
Printed in Hungary 2015

ISBN 978-3-95540-194-8
www.regionalia-verlag.de

Inhalt

Siegfrieds Schwertleite

Vorwort

Bisweilen hört man es sofort heraus, manchmal fällt es einem vielleicht später auf, häufig genug aber merken wir es gar nicht, wenn wir in unserem Alltag Redewendungen benutzen, die ihren Ursprung in der Welt der Soldaten haben. Fast immer stammen diese Begriffe und Formulierungen aus längst vergangenen Zeiten, haben Jahrhunderte gebraucht, um sich in unseren täglichen Sprachgebrauch einzuschleichen – verkappt zumeist.

Ach, da haben wir ja schon einen der Verdächtigen: „verkappt". Wir tun ihm, da er nun einmal genannt ist, die Ehre an, ihn uns zum Einstieg hier an Ort und Stelle einmal näher anzusehen. Dabei können wir uns auch gleich darauf verständigen, wie wir es mit dem „Militärischen" halten wollen, aus dem die hier betrachteten Redewendung ja stammen sollen.

„MILITÄRISCH, adj. dem militär zugehörig oder gemäsz; zufrühest an das lat. militaris angelehnt: militarisch, nach kriges art, krigerisch, soldatisch."

So definieren Jacob und Wilhelm Grimm das Militärische in ihrem „Deutschen Wörterbuch" im 19. Jahrhundert. In diesem Sinne sollten wir uns also auch Begriffe und Redewendungen ansehen, die „nach kriges art" sind. Damit haben wir nämlich auch das weite Feld der Sagen und Mythen vor uns, von denen kaum eine ohne Schlachten, ohne Helden, ohne Krieger – Soldaten also – auskommt.

Und dorthin gehört auch unser „verkappt". Siegfried, ohne Zweifel ein Krieger, erbeutete die Tarnkappe vom Zwerg Alberich, um sich damit einen taktischen Vorteil zu verschaffen. Sie war zwar eigentlich ein Umhang und keine Kopfbedeckung, mit der ihn Richard Wagner und seine Nachfolger bis heute auf dem Grünen Hügel bedeutungsschwangere Lieder singen lassen, aber auch die Zyklopen der griechischen Mythologie haben dem Hades eine Tarnkappe gebastelt – in dem Fall einen veritablen Helm –, mit dem er Zeus im Kampf gegen die Titanen sozusagen „undercover" zur Seite stand.

Dieses Büchlein ist keine wissenschaftliche Abhandlung, nicht einmal eine „verkappte", sondern ein Ausflug in längst vergangene Welten und das, was sie uns zumindest verbal hinterlassen haben – oft, ohne dass wir es ahnen. Das ist es, was diese Redewendungen zusätzlich reizvoll macht: Sie werden nicht selten in gänzlich anderen Zusammenhängen gebraucht als zur Zeit ihrer Entstehung.

Also machen wir uns auf unseren Marsch! Gleichschritt ist dabei ausdrücklich unerwünscht, und niemand wird sich die Füße wund laufen, *das verspreche ich.*

Die Titanen von Gustave Doré (1832–1883)

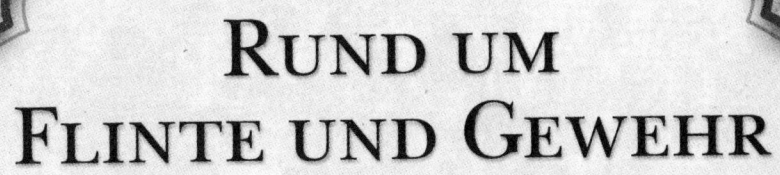

Rund um Flinte und Gewehr

Von Schüssen und Schusslinien

Im Deutsch-Dänischen Krieg erklärt ein preußischer Füsilier den verbündeten österreichischen Truppen das Zündnadelgewehr. Aus „Die Gartenlaube", 1869

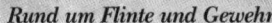

So schnell schießen die Preußen nicht!

Immer schön langsam!

Fast jeder hat das schon einmal gesagt. Es war und ist einer der beliebtesten Ausrufe, wenn wir uns Zeit verschaffen oder uns einen allzu lästigen Drängler vom Hals halten wollen. Böse Zungen behaupten, er erfreue sich insbesondere in den Diensträumen von Ämtern und Behörden besonderer Beliebtheit.

Zur Herkunft dieser Redensart gibt es verschiedene Deutungen. Angeblich hat Otto von Bismarck 1875 zu einem britischen Journalisten gesagt: „So schnell schießen die Preußen nicht!", als dieser ihn nach deutschen Eroberungsplänen fragte. Ob das stimmt oder nicht, ist nirgendwo belegt, wäre jedoch auch keine befriedigende Erklärung zum Ursprung dieses Satzes, der nämlich zu dieser Zeit bereits im Umlauf war.

Häufiger wird erklärt, dieser Satz hätte mit den Zündnadelgewehren der Preußen zu tun. In der siegreichen Schlacht gegen die Österreicher bei Königgrätz am 3. Juli 1866 hatten die preußischen Truppen durch die neue Technik dieser Gewehre einen klaren Vorteil gegenüber dem Feind, der noch mit den alten Vorderladern ausgerüstet war. Allerdings liegt auf der Hand, dass sie damit eben viel schneller schossen als früher und nicht zuletzt deshalb die Schlacht gewannen. Wieso aber sollte jemand behaupten, die Preußen schössen nicht so schnell, also genau das Gegenteil? Es gibt die Annahme, ein österreichischer Militärführer habe diese (nachweislich falsche) Behauptung zur Beruhigung seiner verängstigten Truppen aufgestellt. Mag sein – belegt ist das nicht. Immerhin aber könnte sich dieser Feldherr posthum darüber freuen, eines der gängigsten geflügelten Worte in die Welt gesetzt zu haben.

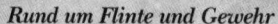

Naheliegender ist hingegen die Erklärung von Sebastian Haffner (1907–1999), dem berühmten deutschen Publizisten und Historiker. Er meint, die Redensart komme daher, dass die Preußen mit den Deserteuren in ihren Reihen zwar außerordentlich brutal umgegangen seien, sie allerdings selten hingerichtet hätten. So schnell hätten die Preußen (auf Fahnenflüchtige) eben doch nicht geschossen.

Am Drücker sein/sitzen

die Macht haben

Wer bestimmt, was zu geschehen habe, wer „das Sagen hat", der „sitzt am Drücker". Heute hat diese Formulierung in unserer Alltagssprache ein wenig an Bedeutung verloren, es gibt sie aber nach wie vor.

Entstanden ist die Redensart wiederum im militärischen Alltag. Sie bezieht sich auf den Drücker am Gewehr (oder früher an der Flinte), durch dessen Betätigung der Schuss ausgelöst wird. Wer also am Drücker (heute auch: Abzug) sitzt, ist klar im Vorteil gegenüber anderen, die über ähnlich wirkungsvolle Waffen nicht verfügen. Er hat die Macht zu schießen – oder auch nicht. Er kann also über Wohl und Wehe des oder der anderen nach eigenem Gutdünken entscheiden.

Abblitzen lassen

„Lass mich in Ruhe!"

Ach ja, wer von uns erinnert sich nicht an einen solchen peinlichen Moment in seinem Leben? Welch eine unangenehme Erfahrung aber auch! Da überlegt man sich

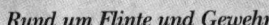

lange, wie man sich ihr oder ihm nähern kann, denkt sich ein paar höchst originelle Anmachsprüche aus, nimmt allen Mut zusammen – und dann das: Man „blitzt" einfach beim Objekt der Begierde „ab"!

An solch erschütternde Erlebnisse haben die Soldaten früherer Zeiten zwar noch nicht gedacht, wenn sie mit ihren Vorderladern hantierten – denn genau aus jenen Tagen stammt diese Redewendung, die schon früh ihren Eingang in die Umgangssprache gefunden hat. Unangenehm aber war die Erfahrung allemal, wenn beim Betätigen des Abzuges der Schuss nicht losging, weil das Pulver mit lautem Knall und hellem Blitz von der Pfanne abbrannte. Im Gefecht konnte es durchaus tödliche Folgen haben, wenn der Schuss auf diese Weise „abblitzte".

Gut in Schuss sein
einen gepflegten Eindruck machen

Alles was gut aussieht, einen gepflegten Eindruck macht, ist im Sprachgebrauch heute „gut in Schuss". Nicht selten wird dieser Ausdruck aber auch für den Gesundheitszustand oder die Fitness von Menschen gebraucht.

Man ist sich nicht sicher, ob diese Redewendung tatsächlich von den Waffen der Soldaten stammt, also von Gewehren und Kanonen, auf deren tadelloses Funktionieren man sich nur dann verlassen konnte, wenn sie richtig gewartet und gepflegt, eben „gut in Schuss" gehalten wurden. Vielleicht spricht noch eine andere Deutung für den militärischen Ursprung dieses Ausdrucks: Eine Kanone, die man fachgerecht auf ihr Ziel ausrichtet, ist nämlich auch „gut im Schuss".

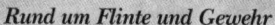

Gewehr bei Fuß stehen

bereit sein

Wer „Gewehr bei Fuß" steht, der bekundet sprichwörtlich seine sofortige Einsatzbereitschaft – für was auch immer.

Die Redewendung stammt, wie unschwer zu vermuten ist, aus dem Vokabular der Soldaten. Früher war „Gewehr bei Fuß!" ein Befehl im Formaldienst. Heute gibt es diesen Befehl nicht mehr, aber „Gewehr über!", „Präsentiert das Gewehr!" oder auch „Gewehr ab!" existieren immer noch und werden zum Beispiel bei Paraden gebraucht. Da die frühen Flinten Vorderlader waren, stellte damals der Soldat sein Gewehr „bei Fuß", wenn er die umständliche Prozedur des Ladens seiner Waffe beendet hatte. So sah jeder, dass das Gewehr „fertig geladen" und schussbereit war. „Gewehr bei Fuß" signalisierte also Einsatzbereitschaft.

08/15

der einfallslose Einheitsbrei

Wenn uns etwas allzu schematisch, klischeehaft, eintönig oder gleichförmig vorkommt, ist es auch heute umgangssprachlich noch oft „08/15". Zum klassischen Begriff für alles Dumpf-Militärische ist es durch die gleichnamige Romantrilogie des Schriftstellers Hans Hellmut Kirst (1914-1989) geworden.

Ursprünglich war „08/15" nur die Bezeichnung für das Maschinengewehr der deutschen Truppen im Ersten Weltkrieg, das diese deshalb trug, weil es jeweils in den Jahren 1908 und 1915 technisch verbessert worden war. Während des

Zweiten Weltkrieges wandelte sich „08/15" zu einem Sammelbegriff für die völlig überaltete einheitliche Ausrüstung der Soldaten. Erst durch Kirsts Romane – und besonders durch ihre sehr erfolgreiche Verfilmung (Drehbuch: Ernst von Salomon!) aus 1954 mit Joachim Fuchsberger in der Rolle des Gefreiten Hermann Asch – wurde „08/15" im gesamten deutschen Sprachraum zum Synonym für stumpfen, oft menschenverachtenden militärischen Drill.

Abwehrkampf einer MG Abteilung (1915/16), Gemälde von Karl Friedrich Gsur

Aufs Korn nehmen/im Visier haben
es auf jemanden abgesehen haben

Hat man jemanden oder etwas unter besonders aufmerksamer, ja kritischer Beobachtung, werden diese Wendungen noch heute gebraucht. Auch in Satire und Kabarett werden Leute oder Sachen gern „aufs Korn genommen", oder Verdächtige geraten „ins Visier" der Polizei.

Ob diese Redewendung tatsächlich aus der Welt des Militärs kommt und von dort ihren Einzug in die Alltagssprache genommen hat, ist zumindest umstritten,

denn sie könnte auch der Jägersprache entstammen. Ein militärischer Ursprung ist aber durchaus nicht von der Hand zu weisen, denn – ob Jägersmann oder Soldat: Jeder, der einen Gewehrschuss auf ein Ziel abgeben will, muss dieses zuvor genau anvisieren. Dazu sind alle Gewehre mit Kimme und Korn ausgerüstet. Erstere ist auf dem Lauf der Schusswaffe nahe dem Auge des Schützen montiert (meistens als V- oder auch als Lochkimme), Letzteres am Ende des Laufes. Beim Blick über die Kimme müssen Korn und Ziel sich in einer Linie decken, damit der Schuss trifft.

Keinen Schuss Pulver wert sein

wertlos sein

Wird das heute über jemanden gesagt, so kann man davon ausgehen, dass er sich wahrlich keinerlei Wertschätzung (mehr) erfreut. Mit dieser Redewendung wird jegliche Kreatur erniedrigt. Ein Hund kann ebenso „keinen Schuss Pulver wert sein" wie ein Pferd – und natürlich auch der Mensch. Aber wir gebrauchen in unseren Tagen diese Worte sogar, um unsere Verachtung gegenüber bestimmten Verhaltensweisen auszudrücken. So können zum Beispiel ein Versprechen, gar ein Schwur oder auch vertragliche Vereinbarungen „keinen Schuss Pulver wert" sein. Es sind böse Worte von unerbittlicher Endgültigkeit, auch wenn wir im täglichen Leben heute natürlich – wenigstens bei betroffenen Menschen – nicht mehr in Erwägung ziehen, den damit Belegten tatsächlich umzubringen.

Das war allerdings in der Zeit, zu der diese Redewendung entstand, noch ganz anders. Da ging es im wahren Wortsinn um Leben und Tod. Soldaten wurden schon

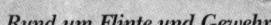

seit der Erfindung von Schusswaffen für bestimmte Taten erschossen, vor allem für Desertion. Das galt bis in unsere Zeit hinein als ehrenhafte Strafe. Hatte einer sich aber eines besonders verwerflichen Verbrechens schuldig gemacht, wurde der Soldat „ehrlos". Für so einen war die Gewehrkugel zu schade. Er war „keinen Schuss Pulver wert" – und wurde aufgehängt. Und wer meint, diese Praxis zum Umgang mit „ehrlosen" Soldaten sei schon lang Vergangenheit, der möge sich ein wenig in der Welt umsehen …

Die Flinte ins Korn werfen
aufgeben

Gibt man auf – und zwar mit allen Konsequenzen, ganz und gar, dann wirft man noch heute „die Flinte ins Korn". Gern wird der Ausdruck auch für eine verfrühte, voreilige Kapitulation gebraucht.

Entstanden ist dieses einprägsame Bild zu der Zeit, als Soldaten mit Flinten ausgerüstet wurden, wenn man sie ins Feld schickte – das nicht selten ein Kornfeld war. Schon im Vorwort wurde das 1862 erschienene „Deutsche Wörterbuch" der Gebrüder Grimm erwähnt, in dem auch diese Redewendung erstmals festgehalten ist. Sinngemäß steht da, dass ein Soldat, der sein Gewehr immer noch in der Hand trug, obwohl das Gefecht bereits verloren war, vom Feind als Bedrohung angesehen wurde. So konnte es geschehen, dass ein Soldat noch erschossen wurde, obwohl die Schlacht bereits vorüber war. Daher warf man klugerweise sein Gewehr „ins Korn", wenn sowieso alles aussichtslos geworden und nichts mehr zu gewinnen war. So zeigte man dem Feind sein Aufgeben an und konnte mit viel Glück als waffenloser „Zivilist" auch noch der Kriegsgefangenschaft entgehen.

Das Feuer eröffnen

es auf jemanden abgesehen haben

Eine höchst unangenehme Lage: Wer sich scharfer Kritik, meistens noch dazu von vielen Leuten, ausgesetzt sieht, ist definitiv „in die Schusslinie geraten". Oft genug ist oder fühlt sich auch jemand unschuldig, auf den dennoch – in unseren Tagen immerhin jedoch nur noch verbal – „das Feuer eröffnet wird". In Zeiten multimedialer Shitstorms kann das aber genauso weh tun wie eine körperliche Verletzung. Dies sind gängige umgangssprachliche Wendungen, die wir auch heute noch mühelos aus dem Militärischen herleiten können: Soldaten beziehen an der Front mehr oder weniger ausgebaute Stellungen, von wo aus sie einen Bereich im Gelände vor sich zu überwachen haben. Zeigt sich dort der Feind, so „gerät er in die Schusslinie" und „das Feuer wird (auf ihn) eröffnet". Mit allen unerfreulichen Konsequenzen …

Soldaten im Schützengraben

BOMBEN UND HAUBITZEN

Von schweren Geschützen und Rohrkrepierern

Bomben und Haubitzen

Ins Kreuzfeuer/Sperrfeuer geraten

Alle auf Einen!

Wer „ins Kreuzfeuer" der Kritik gerät – oder auch ins „Sperrfeuer" –, der hat etwas auszuhalten. Redensartlich bezeichnet man heute damit eine unangenehme Situation für den oder die Betroffene(n), einen Zustand, der Stehvermögen und gute Nerven fordert. Gemeint ist, dass so viel Kritik von verschiedenen Seiten auf jemanden einprasselt, dass der sich dadurch bedrängt oder gar angegriffen fühlt.

Beides, das Kreuz- wie auch das Sperrfeuer, entstammen der Militärsprache. Zunächst zum Kreuzfeuer: Im Ersten Weltkrieg bereits hat man durch das Überlappen der Wirkungsbereiche verschiedener schwerer Waffen, also Kanonen und Haubitzen, Kreuzfeuer erzeugt. Diese Taktik wird noch heute geübt. Besonders mit automatischen Waffen kann dadurch ein Angriff wirkungsvoll verhindert oder gestoppt werden, da der Gegner keinen Bewegungsraum mehr hat. Zudem hat Kreuzfeuer eine zermürbende, demoralisierende Wirkung und gehört daher zu den entsetzlichsten Taktiken des Landkrieges. Letzteres trifft ebenso auf das Sperrfeuer zu. Mit leichten Waffen (zum Beispiel Maschinengewehren) wird der Feind durch massiven Beschuss in seinen Stellungen gehalten, und das Sperrfeuer mit Geschützen der Artillerie hindert ihn am Vorrücken, indem durch Beschuss gleichsam „abgesperrt" wird.

Lunte riechen

Unrat wittern

Wem ein schlimmer Verdacht kommt, wer etwas Unangenehmes, gar Gefährliches auf sich zukommen fühlt, der „riecht Lunte". Diese Redensart ist seit dem Ende des

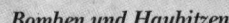

Bomben und Haubitzen

18. Jahrhunderts überliefert. Wenn früher die alten Geschütze abgefeuert werden sollten, musste der Soldat die Zündschnur (also: Lunte) anzünden, die zur Ladung in der Kanone führte, und dann schnell weglaufen und sich in Deckung werfen.

Da diese Lunten nicht selten recht lang waren, damit genug Zeit blieb, um sich selbst in Sicherheit zu bringen, konnte der Wind schon mal den beißenden Geruch der abbrennenden Zündschnur bis in die feindlichen Stellungen wehen. Dort roch man dann die Gefahr, die unmittelbar bevorstand, und konnte sich im besten Falle – allerdings selten genug – gerade noch rechtzeitig in Sicherheit bringen, bevor die Granate abgefeuert wurde und einschlug.

Schweres Geschütz auffahren

Ernst machen

Wer heute sprichwörtlich „schweres Geschütz auffährt", will seine Macht demonstrieren oder auch nur seine Meinung mit allen Mitteln durchsetzen. Ob also jemandem oder einer Sache sehr heftig entgegengetreten wird – in beiden Fällen wird auf diese Weise „schweres Geschütz aufgefahren". In der Militärsprache ist dieser Begriff

Gezogene Riesenmörser vor Straßburg.

Darstellung einer Feldschlange um 1500

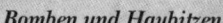
Bomben und Haubitzen

mit der Erfindung der Artillerie, also der Kanonen, Haubitzen und Granatwerfer, aufgekommen. In der Regel werden die schweren Geschütze hinter der Front der Infanteristen in Stellung gebracht. Auf steilen oder flachen Schussbahnen fliegen dann über die eigene Front hinweg Granaten und andere Projektile an den Feind. Für diese Aufstellung von Artilleriewaffen in ihren Stellungen steht die inzwischen umgangssprachlich gewordene Redewendung „schweres Geschütz auffahren", ist also eigentlich der militärische Begriff für die Herstellung der Feuerbereitschaft mit allen zur Verfügung stehenden mobilen und ortsfesten schweren Feuerwaffen.

Brennen wie Zunder/Zunder geben
lichterloh brennen / jemanden reizen

Fängt etwas leicht Feuer, beispielsweise der ausgetrocknete Wald nach einer langen Hitzeperiode ohne Niederschlag, dann sagen wir gern, es „brenne wie Zunder". Und jemand, der heftig zurechtgewiesen wird, „bekommt Zunder", wenn auch heute nur noch im übertragenen Sinne.

Ursprünglich bezeichnete man die Fasern der schlauchartigen Zellen von Pilzgewebe (insbesondere dem vom „Feuerschwamm"), natürlich nur in absolut trockenem Zustand, als Zunder. Die Zellwände sind hauchdünn, jedoch sehr stabil. Leicht fangen sie Feuer, wenn ein Funke auf sie trifft, weil Sauerstoff von überall an sie herankommt. Es gab aber durchaus über die Jahrhunderte unterschiedliche Arten von Zunder. Immer wieder experimentierte man auch mit Sägespänen, Mull, Torf, den wolligen Samen mancher Pflanzen und recht erfolgreich mit Baumwolle, die mit Salpeter getränkt und dann getrocknet wurde, bis man schließlich bei Schwefelfäden und -hölzern landete.

Bomben und Haubitzen

In der Soldatensprache des Ersten Weltkrieges erst wurde dann „Zunder" zum umfassenden Begriff für feindliches Geschützfeuer. Dieser übertrug sich rasch ins Zivilleben und zog als Redewendung in unser tägliches Leben ein.

Sich wie ein Lauffeuer verbreiten
Die Gerüchteküche brodelt.

Was von Mund zu Mund geht, sich rasend schnell ausbreitet, wird gern mit dieser Redewendung beschrieben. Das können wichtige Nachrichten ebenso sein wie Gerüchte – die vor allem, wenn sie die Sensationslust befriedigen. Das „Lauffeuer", das hier Pate stand, war allerdings seinerzeit etwas ganz Anderes als ein Transportmittel der Gerüchteküche. Es diente den Soldaten dazu, eine Sprengladung zu zünden, ohne sich selbst dabei zu gefährden – was allerdings nicht immer geklappt hat. Man streute nämlich eine Spur aus Schwarzpulver von der Sprengladung bis zum eigenen geschützten Standort. Dort angekommen, ging man – meist hinter einem aufgeworfenen Erdwall – in Deckung und steckte das Schwarzpulver an. Das entzündete sich, und das „Lauffeuer" nahm nun seinen Weg auf die Ladung zu und brachte sie zum Detonieren. Nicht immer jedoch waren Stärke der Explosion und Entfernung korrekt berechnet worden, und das Anlegen eines solchen „Lauffeuers" hatte den Ruf eines Himmelfahrtskommandos (siehe Seite 83). Die eigenen Verluste bei Sprengungen wurden erst mit der Erfindung der Zündschnur deutlich reduziert, durch die auch manches Problem mit Bodennässe und Regen entfiel.

Anfang des 18. Jahrhunderts gab es darüber hinaus auch eine Schießtaktik, die man „Lauffeuer" nannte. Dazu gingen Soldaten in Linie in Stellung und schossen ihre Gewehre nacheinander von einer zur anderen Seite ab.

Die volle/geballte Ladung abbekommen

viel einstecken müssen

Wenn´s ganz dick kommt, kriegen wir die volle oder auch die geballte Ladung ab. Egal, wovon wir gerade betroffen sind, diese Redensart wird gern für alle Arten von Angriffen gebraucht. Es kann sich dabei um Wasser aus einem Feuerwehrschlauch handeln, aber auch um einen Stoff, der versprüht wird oder um eine Attacke mit Boxhieben. Die Ladung ist ein Begriff aus dem Militärwesen und bezeichnet die Befüllung einer Granate oder Bombe, aber auch eines der früheren Frontladergeschütze, mit Sprengstoff. Zur geballten Ladung wurde sie, wenn die Sprengkraft dadurch verstärkt (also geballt) wurde, dass man mehrere Sprengmittel, vorzugsweise Handgranaten, miteinander verband und sie zusammen auf einmal zündete.

Geladen sein

Vorsicht: Gleich geht er hoch …

Hier geht es weder um eine Ladung zu einem Gerichtstermin, noch ist jemand zu einem Fest geladen. Nein, wenn wir davon sprechen, jemand sei „geladen" – und eben nicht im Sinne von eingeladen –, dann sollte man sich vor ihm in Acht nehmen, denn er ist richtig böse, gefährlich wütend. Oft braucht es nur noch ein einziges Wort, eine Geste, irgendeine brisante Kleinigkeit, dann geht er hoch (siehe auch Seite 26).

Unschwer zu erahnen, dass dieser Erregungszustand mit einem Begriff aus dem Militärwesen belegt wurde und damit seinen Einzug in die Umgangssprache genommen hat. Ist nämlich eine Schusswaffe – gleich welcher Art – mit Munition geladen, so ist sie scharf. Nun fehlt nur noch der Zündfunke, und die Ladung explodiert: Der Schuss geht los.

Voll wie eine (Strand-)Haubitze

Besoffen sein – und wie!

Von einem, der sturzbetrunken ist, behauptet man in unserer Alltagssprache manchmal, er sei voll wie eine Haubitze, seltener auch: wie eine Strandhaubitze.

Dass diese unfreundliche Bezeichnung des fortgeschrittenen Trunkenheitszustandes der Militärsprache entstammt, ist allein schon an der „Haubitze" erkennbar. Diese ist ein Steilfeuergeschütz, welches in hohem Richtwinkel abgeschossen wird. Zur Erläuterung: Flachfeuerwaffen, beispielsweise Kanonen, aber auch Gewehre, werden in niedrigem Winkel abgefeuert. Schon im 18. Jahrhundert war ein stark Betrunkener „voll wie eine Kanone" oder eben auch wie eine Haubitze, womit auf die gewaltige Masse an Sprengladung angespielt wurde, die in einem sol-

Die Tageszeiten (Nacht),
William Hogarth (1697–1764)

chen Geschütz steckte. Erst im Laufe des 19. Jahrhunderts kam dann die Strandhaubitze als Verstärkung dieser Redensart hinzu. Diese Waffen nämlich, die meist in Küstenbatterien ortsfest entlang von Stränden in Stellung gebracht waren, neigten dazu, mit Wasser oder Sand vollzulaufen, wenn ihre Rohre nicht abgedeckt wurden.

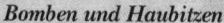

Bomben und Haubitzen

Hochgehen

explodieren

Fliegt die Tarnung auf, hinter der sich jemand verschanzt hat, so geht er umgangssprachlich hoch. Er ist demaskiert, seine Scharade ist dahin. In einschlägigen Kreisen drohen sich windige Gestalten nicht selten gegenseitig damit, den anderen „hochgehen" zu lassen, ihn also zu verraten. Aber auch in unserem Alltag geht manchmal jemand oder etwas hoch. Das kann die Mutter sein, deren hundertste Aufforderung an die Zöglinge, ihr Zimmer aufzuräumen, nicht fruchten will, aber auch der Deckel des Joghurts, der sein Haltbarkeitsdatum seit Längerem überschritten hat.

In der Militärsprache, aus der diese Redewendung stammt, bezeichnet das Hochgehen die Explosion aller möglichen Sprengstoffe und -mittel. Minen oder Bomben beispielsweise gehen hoch, wenn sie explodieren. Der Militärbegriff des Hochgehens ist ein relativ neuer, der sich erst im 20. Jahrhundert etabliert hat, daher ist auch sein Eingang in die umgangssprachliche Verwendung noch nicht allzu lang her.

Eine Packung kriegen

Schläge einstecken müssen

Wenn´s unangenehm wird – und zwar massiv –, dann sprechen wir schon mal von einer (dicken) „Packung", die jemand bekommt. Das können Schläge sein, die man einstecken muss – sowohl im übertragenen Sinne, als auch zum Beispiel in einem Boxkampf –, aber ebenso eine „erdrutschartige" Wahlniederlage.

Auch diese Redewendung lässt sich problemlos und direkt aus der Militärsprache ableiten, genauer gesagt aus der Fachsprache der Artilleristen. Die „Packung" nennen

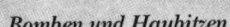

Bomben und Haubitzen

die Kanoniere nämlich den Sprengstoff, mit dem sie ihre Geschütze füllen also „packen", meistens in Form der sogenannten geballten Ladung (siehe Seite 24). Diese treibt dann durch ihre Explosion das Geschoss aus dem Rohr.

Stur wie ein Panzer

… ist der Dickkopf

Jemand, den nichts und niemand von seiner Meinung, von seinem einmal eingeschlagenen Kurs abbringen kann, ist stur wie ein Panzer.

Unschwer zu erkennen, dass diese Redensart von den stählernen Kettenfahrzeugen stammt, die im Ersten Weltkrieg noch Tanks genannt wurden. Erst im Zweiten Weltkrieg erhielten sie den Namen Panzer, die Redensart ist also erst im Zweiten Weltkrieg entstanden. Panzer, diese schwer bewaffneten Ungetüme, walzen alle Hindernisse nieder, bahnen sich ihren Weg über Bäume und gar durch Häuser. Ihre Erfindung hat den Landkrieg in Strategie und Taktik grundlegend verändert. Die atemberaubend schnellen Raumgewinne „moderner" Feldzüge wurden erst durch die Panzer möglich – und ebenso die fürchterlichen Zerstörungen, die durch sie verursacht werden. Durch nichts lassen sich diese Kolosse aufhalten, bleiben stur auf Kurs.

Welch brutal-bildhafte Wandlung eines Begriffes zur Redewendung in der Umgangssprache!

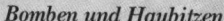

Ein Schuss vor den Bug

die letzte Warnung

Will man jemanden dazu bringen, sein Verhalten zu ändern, ihn warnen, den einmal eingeschlagenen Weg fortzusetzen, ihn zum Innehalten bewegen, dann gibt man ihm den sprichwörtlichen Schuss vor den Bug – allerdings einen verbalen.

Bekommt ein Schiff auf See von einem Kriegsschiff diesen Schuss vor den Bug, so handelt es sich hingegen um einen scharfen Schuss mit einer Granate. Er bedeutet: Sofort stoppen, oder der nächste Schuss trifft das Schiff! Dieses Manöver wird heute durchaus von den Booten der Küstenwache gegen Schiffe eingesetzt, die unerlaubt ins Hoheitsgebiet eines Staates eindringen. Im Seegefecht zwischen Kriegsschiffen jedoch bedeutet der Schuss vor den Bug die unmissverständliche „Letzte Warnung", dass man in Reichweite der gegnerischen Bordartillerie ist, die Eröffnung des Gefechtes und eine mögliche Versenkung unmittelbar bevor stehen. Auch diese Redewendung ist also linear aus einer militärischen Handlung hervorgegangen.

Volle Breitseite

Kampf mit allen Mitteln

Wer heftigen, schonungslosen Angriffen ausgesetzt ist, bekommt auch im heutigen Sprachgebrauch eine volle Breitseite – tröstlicher Weise in diesem Falle aber nur verbal, also im übertragenen Sinne.

Auch diese Redewendung stammt aus der Kriegsmarine, und zwar aus alten Zeiten, als die Kanonen noch nebeneinander von vorn bis achtern unter Deck standen. Im Seegefecht öffnete man dann die Geschützklappen in der Bordwand, rollte die Ka-

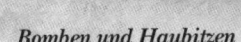
Bomben und Haubitzen

nonen nach vorn, so dass die Rohre aus dem Schiff herausragten, und feuerte. Tat man das mit allen Geschützen auf einer Seite des Schiffes zusammen, schoss man eine volle Breitseite. Die Redewendung ist sehr alt, man verwendet sie bereits seit mehreren hundert Jahren auch im allgemeinen Sprachgebrauch.

Ein Rohrkrepierer
Das ging in die Hose!

Was so richtig „in die Hose geht", nennt man gern einen Rohrkrepierer. Auch Menschen, die ganz und gar versagen, Witze, die grandios daneben gehen und manche schlimmen Peinlichkeiten erhalten oft diese wenig rühmliche Bezeichnung.

In seinem Ursprung jedoch war der Rohrkrepierer eine lebensgefährliche, hochbrisante Angelegenheit. Noch bevor es das Rohr verlassen hat, detoniert nämlich das Sprenggeschoss durch einen technischen Defekt, zerreißt meistens das Rohr, zerstört das ganze Geschütz. Es entsteht dabei in der Regel eine grauenvolle Verwüstung durch den enormen Explosionsdruck und unzählige heiße Stahlsplitter. Alle Umstehenden werden dabei getötet, vor allem natürlich die Geschützbedienung. Ein Rohrkrepierer ist das schlimmste Unglück, das in der Artillerie vorkommen kann. Insbesondere gegen Ende des Zweiten Weltkrieges, als Material und Verarbeitung der Sprenggranaten qualitativ stark nachließen, verzeichnete man eine Menge solcher Vorfälle mit Rohrkrepierern. Die Granaten und die Zünder waren da aber zum Teil schon so schlecht, dass eine Ladung nur noch im Rohr abbrannte, ohne es jedoch bersten zu lassen.

Bomben und Haubitzen

Bild oben: Russische 3-Zoll-Kanone Modell 1902 in Jaroslawl
Bild unten: Rohrkrepierer eines österreichisch-ungarischen 10 cm Feldhaubitze Modell 1914

Im Gefecht – mit Lanze und U-Boot

Von Heißspornen und Schlachtenbummlern

Den Marsch blasen

ein lautstarker Anschiss

Wird jemand scharf zurechtgewiesen, heißt es oft, man bliese ihm den Marsch.

Manchmal wird für diesen Vorgang auch eine andere Redewendung benutzt, nämlich die, dass man jemandem „die Leviten läse". Die aber stammt nicht aus dem Militärischen. Früher wurde den Soldaten „der Marsch geblasen", und zwar taten das die Hornisten – so laut, dass niemand sagen konnte, er habe etwa nicht gehört, dass es nun losginge. Drakonische Strafen drohten dem, der diesem Signal nicht unverzüglich Folge leistete. Noch im 19. Jahrhundert wurden sämtliche Signale auf diese Weise unter den Truppen verbreitet, egal, ob es um Ab-, Vor- oder Rückmarsch ging. Aber auch für den Marsch an sich, vor allem, um den Gleichschritt zu gewährleisten, bliesen die Hornisten im Takt immer wieder – oft eher laut als schön – in ihre Instrumente.

„Clairon – 19th century"
von Erica Guilane-Nachez

Schlachtenbummler

Echten Fans ist kein Weg zu weit …

„Schlachtenbummler" nennt man heute vor allem die Menschen, die mit ihrem (Fußball-)Verein an jeden Ort ziehen, an dem er sich einem Wettkampf stellen muss. Den

Im Gefecht – mit Lanze und U-Boot

wahrhaft Getreuen ihres Vereins ist kein Weg zu weit, keine Reise zu beschwerlich, um ihren Club lautstark zu unterstützen. Heute werden diese Leute auch als Fans bezeichnet, die gewaltbereiten unter den Fußballfans als Hooligans.

Eigentlich wurde dieses geflügelte Wort für sensationsgierige Zivilisten geprägt, die an die Front kamen, um dem Schlachtengetümmel zuzuschauen. Selbst Goethe betätigte sich als „Schlachtenbummler" und begab sich nach Mainz, wo er 1793 die Belagerung der Stadt beobachtete. Nach dem Deutsch-Französischen Krieg (1870/71) ging der Begriff dann in die Umgangssprache ein, weil es zu einer weit verbreiteten Unsitte geworden war, in die Nähe der kämpfenden Truppen zu gelangen und sich gaffend am Kampfgeschehen zu ergötzen. Und wer sich jetzt darüber mokiert, dem sei vorgehalten, dass es damals eben noch kein Fernsehen gab, das Medium, das heutzutage unseren anscheinend unausrottbaren Voyeurismus so trefflich zu befriedigen weiß.

Hart auf hart
Jetzt wird´s ernst.

Uralt ist dieser Begriff, so alt, dass man nicht genau sagen kann, wann er in den allgemeinen Sprachgebrauch übernommen wurde. Nur eines ist gewiss: Kommt es hart auf hart, dann wird´s ernst. Und das war auch zu der frühen Zeit nicht anders, als diese heute noch allgemein gängige Redensart entstand – die Zeit der Schwertkämpfe, lange vor Erfindung der Flinte. Traf nämlich der Stahl der Schwerter im Kampf aufeinander, dann ging es wahrlich hart auf hart. Was auch weithin zu hören war.

Im Gefecht – mit Lanze und U-Boot

Alarm schlagen
alarmieren

Wenn jemand meint, es drohe Gefahr, schlägt er Alarm. Das geschieht heute eher selten mittels Trommeln, wie in früheren Zeiten, aus denen diese Redewendung kommt. Ihr liegt das italienische Wort „allarme" zu Grunde, das seinerseits aus „all arme!" entstanden ist, was nichts anderes heißt als „zu den Waffen!". Ein Ruf, der von heftigen Trommelschlägen begleitet wurde. Schon im 15. Jahrhundert wurde also auf diese Weise Alarm geschlagen, rief man die Bürger so zu den Waffen.

Den Spieß umdrehen
jemanden mit seinen eigenen Waffen bekämpfen

Werden plötzlich die Rollen getauscht, wandelt sich der Angegriffene auf einmal zum Angreifer, schlägt er gar den Gegner mit seinen eigenen Waffen (oder auch Argumenten), dann dreht er redensartlich den Spieß um.

„Pikeniere" nannte man in grauer Vorzeit die Fußtruppen, die lange Lanzen mit scharfen Metallspitzen vor sich hertrugen und damit auf den Feind eindrängten. Ihre Aufgabe bestand darin, gegnerische Soldaten schlicht aufzuspießen. Diese Lanzen waren enorm lang, so um die drei Meter. Ob es angesichts der Länge der Waffe je einem gelang, ja, ob es überhaupt möglich war, diese einem Feind zu entreißen und gegen ihn zu wenden, ist mehr als fraglich. Dennoch mochte es eine befriedigende Vorstellung sein, das könnte einmal gelingen. Dann hätte man nämlich den Spieß herumgedreht, und der Feind wäre mit seiner eigenen Waffe getötet worden. Vermutlich stand diese Vorstellung Pate bei der Entstehung dieser alten Redensart.

Ein Auge riskieren

vorsichtig nachsehen

Auch wenn wir ganz genau wissen, dass wir uns dieses Auto dort nicht leisten können – mal ansehen kann man es sich doch wohl, einfach mal „ein Auge" darauf „riskieren". Passieren kann dabei nicht allzu viel, jedenfalls droht nicht der partielle Verlust des Augenlichts.

Das war bei den Rittern, aber auch den frühen Soldaten in ihren Rüstungen schon anders: Schoben sie das Helmvisier nach oben, um die Lage zu sondieren oder den Gegner besser erkennen zu können, dann machten sie sich im Gesicht verwundbar, riskierten also im wahren Wortsinn mindestens ein Auge.

Spätmittelalterliche
Schaller mit Klappvisier

Stellung beziehen/halten

sich bereit machen

Wer „Stellung bezieht", tut das heute umgangssprachlich nur noch im übertragenen Sinne. Er positioniert sich, ergreift Partei, bekennt sich zu jemandem oder einer Sache. Kurzum: Er legt sich fest.

Die Entstehung dieser Redewendung ist ebenfalls leicht im Militärischen zu verorten: Nichts anderes taten und tun nämlich noch heute Soldaten, wenn sie sich in ihren Feldstellungen einrichten. Wo sie an der Front in Stellung gegangen sind, dort haben sie sich positioniert und müssen kämpfen, also ihre Stellung gegen Angriffe des Feindes verteidigen und halten.

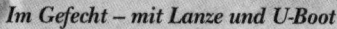

Auf die Pauke hauen

Rabatz machen

Sogar einen Schlager gibt es, in dem diese alte Redewendung auftaucht: „Heute haun wir auf die Pauke". Laut gesungen, mitunter gegrölt, passt dieses Lied herrlich in eine ausgelassene Feier. Aber auch ein Angeber oder jemand, der seine Meinung allzu laut kundtut, haut redensartlich auf die Pauke.

Das taten auch die Pauker in der Militärkapelle, die – was über eine lange Zeit im Volk überaus beliebt war – marschierend durch die Stadt zog und lautstark auf sich aufmerksam machte. Und daher stammt auch diese Redensart.

Unter der Fuchtel stehen

vor jemandem kuschen

Preußisches Füsilier-Bataillon des „1. Garderegiment zu Fuß" in der Schlacht bei Großgörschen am 2.5.1813

Despoten aller Art, vor allem Haustyrannen (durchaus auch weibliche) bringen ihre Familien gern unter ihre Fuchtel, zwingen sie also zur Gefolgschaft und zu Gehorsam. Unter jemandes Fuchtel zu stehen, bedeutet stets weitgehende Unterwerfung.

Das war im preußischen Heer nicht anders. Soldaten waren weitgehend rechtlos, hatten unbedingten

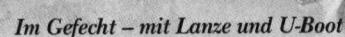

Im Gefecht – mit Lanze und U-Boot

Gehorsam zu leisten. Offiziere trugen damals einen Degen mit breiter Klinge, die sogenannte Fuchtel. Schläge mit der flachen Seite waren als Strafe für Ungehorsam durchaus üblich.

Rangehen wie Blücher

entschlossen handeln

Gern gebraucht man noch heute diese Redewendung für das besonders forsche Vorgehen bei einer erotischen Eroberung. Aber auch Handwerker, die ungewöhnlichen Arbeitsfleiß an den Tag legen, gehen ran wie Blücher. Überhaupt steht der alte Blücher für alles Kühne, Wagemutige, Zupackende.

Schon zu seinen Lebzeiten war der preußische General Blücher (1742–1819) eine Legende – und das, obwohl er durchaus einige katastrophale Niederlagen zumindest mitzuverantworten hatte, zum Beispiel die in den Schlachten von Jena und Auerstedt gegen Napoleon. Sein Ruf als Feldherr begründet sich im Wesentlichen auf seinen Erfolg in den Befreiungskriegen gegen Frankreich. Zu deren Beginn war Blücher Oberbefehlshaber der Schlesischen Armee, zu der preußische und russische Truppen gehörten. Als am 26. August 1813 die Franzosen das Flüsschen Katzbach in Niederschlesien überschritten, griff Blücher sie kurzerhand trotz deutlicher zahlenmäßiger Unterlegenheit an. Mit dem ihm eigenen Draufgängertum ließ er die panisch fliehenden Feinde verfolgen und besiegte sie restlos.

Seither geht man in Deutschland auch umgangssprachlich „ran wie Blücher (am Katzbach)".

In hellen Haufen

in rauen Mengen

Aus Otto Henne am Rhyn: Kulturgeschichte des deutschen Volkes

Nur noch selten wird diese Redewendung gebraucht. Dennoch ist sie sogar der Titel einer Erzählung von Volker Braun, die erst 2011 erschienen ist. Mit hellen Haufen bezeichnet man eine große Menge, meistens von Menschen.

Das „hell" stammt von dem germanischen „hal" für einen Krieger in Rüstung, und „Haufen" war in der frühen Militärsprache eine Bezeichnung für Landsknechte. Man kannte den „verlorenen Haufen", dem die meist tödliche Aufgabe zufiel, an der Spitze der Truppen die Schlacht zu eröffnen, aber eben auch „helle Haufen", womit die Kerntruppe, die Masse der Soldaten, gemeint war.

Auf dem Posten sein

aufpassen

Wer wieder „auf dem Posten" ist, der war vermutlich krank und hat sich davon erholt, ist also nunmehr genesen.

Die alte Redewendung hat ihren Ursprung im 17. Jahrhundert und stammt vom italienischen „prendere il posto" ab, was „Posten beziehen" bedeutet. Meldete ein Soldat, dass er auf seinem Posten war, so war er damit einsatzbereit zum Kampf.

In Deckung gehen

sich verstecken

Noch heute gehen wir sprichwörtlich in Deckung, wenn wir uns bedroht fühlen. Das kann zwar durchaus auch eine körperliche Bedrohung sein, etwa bei einer handgreiflichen Auseinandersetzung, aber meistens wird diese Redensart im übertragenen Sinne gebraucht. Wir gehen also auch vor verbalen Angriffen in Deckung.

„Volle Deckung!" hingegen war und ist ein Befehl, den jeder Soldat zu allen Zeiten verstanden hat. Dabei ging und geht es stets darum, sein Leben zu retten, vor allem bei Beschuss durch feindliche Waffen. In Deckung geht der Soldat jedoch bei Gefahren aller Art, gern auch, wenn Vorgesetzte nach Freiwilligen für unangenehme Aufgaben suchen.

Dicke Luft

schlechte Stimmung

Angespannt ist die Stimmung, bedrückt, wie elektrisch aufgeladen, wenn sprichwörtlich „dicke Luft" herrscht. Das „dick" meint allerdings eher „dicht", denn verdichtete Luft kann explosionsartig entweichen. Aber auch für schadstoffbelastete Luft, beispielsweise für Smog, nehmen wir diese Redensart her.

Schon im 19. Jahrhundert sprachen die Soldaten von „dicker Luft", meinten damit jedoch die über dem Schlachtfeld, in der Geschossteile und Splitter herumflogen und die gesättigt war von Qualm, Explosionsgasen und Pulverdampf. Im Zweiten Weltkrieg wurde „dicke Luft" zum Synonym für massiven feindlichen Beschuss, zum Beispiel durch Trommelfeuer.

Im Fadenkreuz
unter scharfer Beobachtung

Gerät jemand „ins Fadenkreuz", so hat er besondere Aufmerksamkeit erregt, wird scharf beobachtet, gar als Ziel eines Angriffes angesehen.

Unschwer lässt sich diese Redewendung auf das Zielfernrohr von Gewehren, aber auch von Geschützen zurückführen, in dem es ein solches Fadenkreuz gibt, also je eine feine waagerechte und senkrechte Linie, ähnlich Fäden, in deren Kreuzungspunkt sich das Ziel beim scharfen Schuss befinden muss, um getroffen zu werden.

Britische Soldaten bestimmen mit Hilfe einer Kopf-Attrappe die Position von feindlichen Scharfschützen

Ins feindliche Lager überlaufen
die Seiten wechseln

Wer sich plötzlich dem bisherigen Gegner anschließt, wer beispielsweise aus der einen politischen Partei aus- und in die bis dahin bekämpfte andere Partei eintritt, der findet sich sprichwörtlich noch heute „im feindlichen Lager" wieder.

Ursprünglich war "das feindliche Lager" ein einfacher militärischer Begriff, ein Synonym für den jeweiligen Feind. Wer desertierte und zu ihm überlief, der begab sich sinngemäß in das Lager des Feindes. Die Redewendung hat heute also keine andere Bedeutung als im Zeitraum ihrer Entstehung vor vielen hundert Jahren.

Unter Feuer nehmen
jemanden heftig angreifen

Wird jemand „unter Feuer" genommen, ist er heftigen Angriffen ausgesetzt. Diese Redewendung wird heute umgangssprachlich verwendet, wobei damit alle Arten von – vor allem verbalen – Attacken gegen jemanden gemeint sind.

Beim Militär, woher die Redensart stammt, wurde und wird sie noch heute benutzt und meint die Eröffnung von Gewehr- oder Geschützfeuer auf den Feind.

Die Feuertaufe bestehen
die erste ernsthafte Herausforderung bestehen

Eine harte Probe erstmals erfolgreich hinter sich gebracht hat der, der die sprichwörtliche „Feuertaufe" besteht.

Diese Redewendung ist uralt. Und weil das so ist, gibt es auch mehrere Deutungen für sie. Eine davon bezieht sich auf das mittelalterliche Gottesurteil der „Feuerprobe", das darin bestand, dass ein Beschuldigter „probeweise" dem Feuer übereignet wurde. Man glaubte – oder wollte vielmehr wider besseres Wissen das Volk glauben machen –, Gott würde das arme Opfer schon vor Verbrennungen schützen, wenn es unschuldig wäre. Man bezog sich dabei auf die Bibel (Matth. 3,11), wo Johannes sagt: „Der aber nach mir kommt, wird euch mit dem Heiligen Geist und mit Feuer taufen."

Sicher aber hat diese Redewendung auch einen militärischen Hintergrund, denn seit Langem besteht der Soldat in seinem allererersten Gefecht seine „Feuertaufe" – wenn er es denn überlebt.

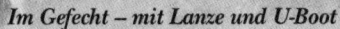

Ins selbe Horn stoßen

jemandem nach dem Munde reden

Wer dieselbe Meinung vertritt wie ein Anderer – gern auch scheinbar unüberlegt oder leichtfertig –, der „stößt ins selbe Horn".

Zu jedem Truppenteil gehörte früher ein Hornist, der die befohlenen Signale blies. Da auf dem Gefechtsfeld viele unterschiedliche Verbände kämpften, war es wichtig, dass die Soldaten erkennen konnten, welcher auf diese Weise übermittelte Befehl tatsächlich auch sie betraf. So gab es für jeden Verband eigene tonale Erkennungssignale. Wer also „ins selbe Horn stieß", der gehörte zum Gefolge.

Der tolle Platen und sein Trompeter bei Möckern,
Richard Knötel 1813

Unter Feuer nehmen

jemanden heftig angreifen

Wird jemand „unter Feuer" genommen, ist er heftigen Angriffen ausgesetzt. Diese Redewendung wird heute umgangssprachlich verwendet, wobei damit alle Arten von – vor allem verbalen – Attacken gegen jemanden gemeint sind.

Beim Militär, woher die Redensart stammt, wurde und wird sie noch heute benutzt und meint die Eröffnung von Gewehr- oder Geschützfeuer auf den Feind.

Sein Pulver trocken halten / verschossen haben

seine Reserven schonen – oder eben nicht

Man passt auf, hält sich bereit, wartet aber noch ab, wenn man „sein Pulver trocken hält". Trifft man seine Entscheidung aber zu früh, riskiert den vollen Einsatz, dann hat man „sein Pulver verschossen". Bitter, wenn man es dann eigentlich noch bräuchte – egal, ob es sich zum Beispiel um Geld für einen Kauf oder um irgendein anderes Mittel dreht, das nun nicht mehr zur Verfügung steht.

Beide Redensarten sind erkennbar miteinander verwandt und stammen aus der Soldatensprache des frühen 15. Jahrhunderts. Gemeint war das Schießpulver, das nur in absolut trockenem Zustand funktionsfähig war. Und hatte man es einmal verbraucht, konnte man nicht mehr schießen, war also wehrlos.

Im Gefecht – mit Lanze und U-Boot

Den Bogen raushaben/überspannen

etwas können/übertreiben

Wer „den Bogen raushat", der versteht sich auf den Umgang mit einer Sache, einem Gegenstand, einem Werkzeug oder auch einem Instrument. Und wer bei dem, was er tut oder sagt, Maß hält und nicht übertreibt, der wird auf diese Weise auch nicht „den Bogen überspannen".

Beide Redensarten sind unschwer auf das Bogenschießen zurückzuführen. Vor Erfindung des Schießgewehrs waren Pfeil und Bogen die wichtigste Waffe des Soldaten. Wehe dem also, der die Sehne seines Bogens zu stark spannte, so dass er brach! Nur der Schütze, der sachgerecht mit dieser Waffe umgehen konnte, hatte „den Bogen raus".

Vom Leder ziehen

Hohn und Spott ausgießen

Gern sagen wir noch heute, jemand „zöge vom Leder", wenn er überlaut und polternd über einen anderen herzieht und sich dabei arg gehen lässt.

Die Redensart wird etwa seit dem 18. Jahrhundert im obigen übertragenen Sinne gebraucht. Sie stammt von der ledernen Scheide des Schwertes, also dem Futteral der Waffe, das den Träger vor eigener Verletzung durch die scharfe Klinge schützen sollte. Zog der Krieger früherer Zeiten „vom Leder", dann zog er sein Schwert blank und zeigte damit seine Kampfbereitschaft.

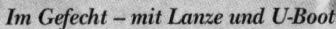

Im Gefecht – mit Lanze und U-Boot

Sich aus dem Staub machen

fliehen

Wer flieht, also unerlaubt vor etwas davonläuft, der „macht sich aus dem Staub". Diese noch heute weit verbreitete und in vielerlei Zusammenhängen gern benutzte Redewendung hat einen uralten Ursprung. Auf den frühen Schlachtfeldern wurde durch das wilde Schlachtengetümmel so viel Staub aufgewirbelt, dass sich die Sicht oft rapide verschlechterte. Dies nutzte so mancher Soldat aus, um sich ungesehen in Sicherheit zu bringen, indem er sich „aus dem Staub" machte, also im militärischen Sprachgebrauch Fahnenflucht beging.

Etwas aus dem Hut ziehen

überraschend etwas präsentieren

Überrascht uns jemand ganz und gar, egal womit, dann „zieht er etwas aus dem Hut". Oft wird gesagt, diese Redensart stamme vom Zauberer, der eine Überraschung, vorzugsweise ein Kaninchen, unter seinem Zylinder hervorzieht. Das mag sein. Jedoch gibt es auch eine andere Deutung, die uns in frühe Schlachten zurückführt. Die Bogenschützen in alter Zeit nämlich pflegten ihre Ersatzsehnen unter ihren Kopfbedeckungen vor Regen geschützt aufzubewahren. Riss die Sehne am Bogen, zogen sie einfach eine neue „aus dem Hut"

Die Mauren ergeben sich den Spaniern, von Francisco Pradilla Ortiz (1848–1921)

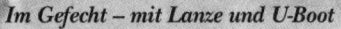

Mit offenem Visier kämpfen

ehrlich und sauber kämpfen

Nur wer sich zu erkennen gibt, „kämpft mit offenem Visier". Die eigene Identität oder auch seine Absichten im Dunkeln zu lassen, wird als unfair, ja heimtückisch angesehen.

Auf den Ritterturnieren des Mittelalters oder auch in frühen Schlachten trafen Kämpfer aufeinander, die in Rüstungen mit Kopfhelmen steckten. Zwar gab es Sehschlitze in den Helmen, aber der Gegner konnte nicht immer erkennen, mit wem genau er es zu tun bekam. Als ehrenvoll („ritterlich") wurde es betrachtet, wenn jemand sein Visier hochklappte, den Augenschutz der eisernen Gesichtsmaske. So zeigte er zwar heldenhaft sein „wahres Gesicht", setzte dieses aber auch ungeschützt dem Kampfe aus.

Ein Turnier um 1509, Holzschnitt von Lucas Cranach

Die Waffen strecken

sich ergeben

Diese Redewendung ist noch heute ein Synonym für Kapitulation, für die völlige Aufgabe. Das kann sich auf viele Bereiche des Lebens beziehen, zum Beispiel auf eine Diskussion oder einen Streit.

Und um die Kapitulation in einer Schlacht ging es auch bei der Entstehung dieser Wendung. Wenn der Soldat kapitulierte, „streckte" er „die Waffen", legte sie also vor sich zu einer „Strecke" nebeneinander nieder und ergab sich so sichtbar auf Gedeih und Verderb dem Feind.

Sich verfranzen

sich verirren

In Zeiten des GPS im Auto wird der hilflose Ausruf „Ich glaub, ich hab mich verfranzt" zwar immer seltener, doch es gibt ihn noch. Verfranzen bedeutet, dass man sich verirrt, den falschen Weg eingeschlagen, sich verfahren hat.

Irgendein leibhaftiger Franz, der sich stets verirrt hätte, stand für diese Redensart allerdings nicht Pate. Vielmehr wurde im Ersten Weltkrieg in die Flugzeuge erstmals ein neuartiges Navigationsinstrument eingebaut, der sogenannte „Flugroutenanzeiger". In der legendären Abkürzungsliebe deutscher Soldaten (die sich bis zum heutigen Tage und in die Deutsche Bundeswehr fröhlich fortsetzt – man denke an den „BuweAküFi", den „Bundeswehr-Abkürzungsfimmel" ...) hieß das Teil nach kürzester Zeit „Franz". Hatte man sich verflogen, schob man es, wenn möglich, auf eine Fehlfunktion dieses Gerätes, die eben dazu geführt hätte, dass man sich „verfranzt" habe.

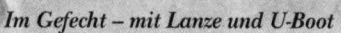

Heißsporn

Draufgänger

Einen heißblütigen, draufgängerischen Menschen bezeichnet man noch heute ab und an als Haudegen oder eben als „Heißsporn".

Die Wendung bezieht sich auf die Sporen des Reiters, die im übertragenen Sinne „heiß" waren, wenn er seine Pferde rücksichtslos an den Feind führte. Einst trug ein englischer Heerführer diesen Beinamen, nämlich Lord Henry Percy („Harry Hotspur"), ein Ritter aus edlem Geschlecht, der sich seinen legendären Ruf als Draufgänger in den Schlachten gegen Franzosen und Schotten erwarb. Wir lernen ihn in Shakespeares Drama „Heinrich IV." kennen, das im Jahr 1598 erschienen ist.

Immer langsam voran!

Nichts übereilen!

Das stöhnt manch einer, dem etwas allzu schnell geht, der seine Ruhe haben will – oder auch nur mal eine Pause.

Diese alte Redewendung stammt von dem volkstümlichen Lied „Die Krähwinkler Landwehr", das heute kaum noch jemand kennt. Dort heißt es: „Immer langsam voran, immer langsam voran, dass die Krähwinkler Landwehr nachkommen kann. Das Marschier´n, das nimmt auch gar kein End´, das macht, weil der Hauptmann die Landkart´ nicht kennt …" Mit den militärischen Qualitäten des Krähwinkler Landsturms und seiner Anführer kann es also nicht weit her gewesen sein, wie dieses Spottlied zeigt.

Unrasiert und fern der Heimat

allein und einsam in der Fremde

Russische Truppen in einem Rückzugsgraben

In diesem beklagenswerten Zustand befindet sich heute noch sprichwörtlich, wer im Elend lebt, wem es im wahren Wortsinn dreckig geht.

Bei den Soldaten des Ersten Weltkrieges, die unter heute kaum mehr vorstellbaren Bedingungen monatelang in ihren Stellungen eingegraben und unter ständigem Beschuss in der Fremde ausharrten, entstand diese Redewendung. Sie wurde zum umfassenden Begriff für ihr unbeschreibliches Elend in der Fremde und hält sich bis heute im allgemeinen Sprachgebrauch.

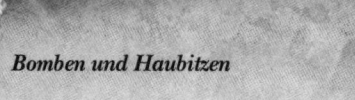

Einer Sache die Spitze nehmen/abbrechen
etwas entschärfen

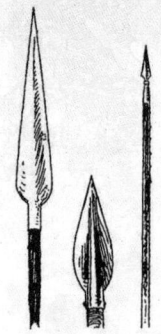

Beruhigend, beschwichtigend wirkt man ein, indem man versucht, „einer Sache die Spitze zu nehmen". Hat sich zum Beispiel eine Diskussion bis zur Hitzigkeit aufgeschaukelt, ist dies eine bewährte Methode, die Gemüter wieder zu beruhigen und den Wortwechsel in gemäßigte Bahnen zu lenken.

Die „Spitze" steht in dieser uralten Redensart als Synonym für die Waffe – und zwar in einer Zeit, in der noch mit Lanzen gekämpft wurde. Gelang es dem Soldaten, die scharfe Spitze der gegnerischen Stichwaffe zu beschädigen oder gar abzubrechen, war der Kampf Mann gegen Mann im wahren Wortsinn „entschärft".

DIENST, DRILL UND KASERNENLEBEN

*Von Stoppelhopsern und
vom Arsch der Welt*

Feldkochherd im Zweiten Weltkrieg

Dienst, Drill und Kasernenleben

Ein Druckposten
ein bequemer Arbeitsplatz

Wer einen „Druckposten" innehat, der sitzt auf einer bequemen, anspruchslosen und gänzlich ungefährlichen Arbeits- oder Dienststelle. Die Inhaber dieser Posten haben sich anscheinend vor gefahrvollen Positionen erfolgreich „gedrückt".

Etwa zur Zeit des Ersten Weltkrieges fand diese Redewendung ihren Einzug in die Umgangssprache – natürlich aus dem Soldatenjargon kommend. Wer seinen Kopf draußen im Feld hinhalten, sein Leben riskieren musste, der hatte nur Verachtung übrig für diejenigen Kameraden, die sich vor aller Gefahr zu drücken wussten, indem sie – meistens in der „Etappe", also weit hinter der Front – einer eher gefahrlosen Tätigkeit nachgingen. Zur Verteilung von Ausrüstungsgegenständen in der Kleiderkammer oder zur Beaufsichtigung der Küchenbrigade bedurfte es keines Mutes, und die Inhaber solcher „Druckposten" saßen zudem noch meistens warm und trocken und wurden regelmäßig ausreichend verpflegt.

Schema F
stumpfsinniges Stereotyp

Wenn etwas immer gleich abläuft, zum Beispiel stets dieselben Handgriffe ausgeübt werden müssen, wenn Tätigkeiten ohne eigenes Nachdenken gefordert sind, alles routinemäßig, gar stumpfsinnig passiert, dann läuft´s auch heute noch nach „Schema F". Vor allem der öffentlichen Verwaltung in Ämtern und Behörden wird umgangssprachlich gern nachgesagt, sie handelte nach „Schema F".

Die Redewendung stammt aus Preußen. Seit 1861 gab es im preußischen Heer ein Berichtsformular, das „Frontrapport" hieß. Dieses Dienstformular war für alle Dienststellen und Truppenteile gleich und musste stets akribisch bis ins Detail in der vorgeschriebenen Weise ausgefüllt werden. Dazu war eine unabänderlich vorgegebene Punkteskala ohne Berücksichtigung irgendwelcher besonderer Umstände oder Gegebenheiten stur auszufüllen. Das Formular diente der militärischen Führung zur Kontrolle der Truppenstärke und damit zur Überwachung der Einsatzbereitschaft. Nach der massiven Erstarkung des Beamtentums im preußischen Staate wurde das „Schema F" des militärischen „Frontrapports" zum Synonym für die starren, umständlichen und praxisfernen Vorschriften und Handlungen der staatlichen Obrigkeit.

Rin in die Kartoffeln, raus aus den Kartoffeln

inkonsequentes Handeln

Werden Anweisungen erteilt, die gleich darauf wieder zurückgenommen oder ins Gegenteil verkehrt werden, heißt es auch heute noch „rin in die Kartoffeln, raus aus den (oft auch berlinerisch ‚die') Kartoffeln".

Etwa um die Wende vom 19. zum 20. Jahrhundert fand diese Redensart Einzug in die Umgangssprache. Sie stammt aus dem Soldatenjargon. Die Truppe wurde bei Manövern oft in einen Kartoffelacker geschickt, um dort in Stellung zu gehen, nach kurzer Zeit aber schon wieder herausbefohlen, um Flurschäden zu vermeiden.

Auf Vordermann bringen
Disziplin einfordern

Auch heutzutage bringt man noch jemanden auf Vordermann, indem man versucht, ihn zu disziplinieren. Aber auch für das Aufräumen eines Zimmers oder für die Herstellung von Ordnung bei Abläufen aller Art, zum Beispiel in Firmen, wird diese Redewendung benutzt.

Sie stammt aus dem Formaldienst der Soldaten. In der militärischen Formation, egal ob beim Antreten auf dem Appellplatz oder für den Marsch, ist die Ausrichtung der Hintermänner auf ihren jeweiligen Vordermann unverzichtbar, damit niemand seitlich ausbricht.

Der Stoppelhopser
der Fußsoldat schlechthin

ist ursprünglich ein Infanterist. Selbst den neuzeitlichen Fußsoldaten, die eigentlich Grenadiere oder auch Panzergrenadiere heißen, haftet noch diese abwertende Bezeichnung an. Heute aber werden liebevoll-scherzhaft auch Kinder im Vorschulalter so genannt, daher tragen nicht wenige Kindergärten den Namen „Stoppelhopser". Dieser Ausdruck stammt aus dem Ende des 19. Jahrhunderts und geht zurück auf die Militärmanöver der damaligen Zeit. Wie heute auch noch, fanden diese vorzugsweise im Herbst statt, wenn die Felder abgeerntet waren und der Flurschaden sich so in Grenzen halten ließ. Die Infanteristen, die über die Stoppelfelder „hopsten", standen Pate für die Redewendung, die sich bis heute hält.

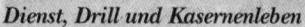

Zu den Fahnen eilen

sich zum Militärdienst melden

Wer zum Militär geht, insbesondere, wer zum Kriegsdienst eingezogen wird, der „eilt zu den Fahnen" – keineswegs immer freiwillig, wie man aus der Formulierung eigentlich schließen möchte.

Die Fahne steht in dieser Redewendung für den Militärdienst, den Dienst an der Waffe. Jeder Truppenteil hatte früher seine eigene Fahne, unter der sich die Soldaten zu versammeln hatten. Oft spricht man auch davon, jemand eile „zu den Waffen", der in den Kriegsdienst zieht. Gemeint ist damit dasselbe.

Jemandem den Laufpass geben

sich von jemandem trennen

Da haben wir einmal eine Redewendung, die auch deswegen interessant ist, weil sie heute einen negativen Vorgang bezeichnet, aber einstmals für etwas durchaus Positives gestanden hat. Wer heute einen Laufpass bekommt, wird von dem oder der Liebsten abserviert oder vom Chef hinausgeworfen. In jedem Falle erlebt er etwas Unangenehmes.

Ganz anders der Laufpass für den Soldaten des 18. Jahrhunderts: Er erhielt ihn nämlich, wenn er aus dem Militärdienst entlassen wurde, aber nur, wenn das nach Recht und Gesetz erfolgte, was man auch als „ehrenhafte Entlassung" bezeichnete. Dieser Laufpass war also eine Art Ausweis für anständige soldatische Führung, etwas, was die Arbeitgeber sehr zu schätzen wussten, bei denen man sich nach dem Militärdienst

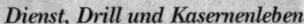

bewarb. Gern wurde auch im Zivlleben damit gedroht, man spiele mit seinem Lauf-pass, wenn jemand seine Arbeit nicht zur Zufriedenheit der Vorgesetzten verrichtete.

Ein blauer Brief
eine schlechte Nachricht

Der Schrecken meiner Schulzeit, der Blaue Brief von der Schule an die Eltern, in dem stand: Versetzung gefährdet. Nicht nur die, die tatsächlich zugestellt wurden, habe ich gehasst. Schlimm war´s auch, wenn ich sicher mit einem gerechnet, mir bereits alle möglichen Ausreden und Schwüre zur Besserung ausgedacht hatte – und dann kam er doch nicht. Noch heute heißen diese widerwärtigen Dinger so. Gern werden inzwischen auch Kündigungsschreiben und andere unangenehme Nachrich-ten als Blaue Briefe bezeichnet.

Ihren Namen haben sie der Tatsache zu verdanken, dass im 18. Jahrhundert das alltägliche Papier aus Lumpen hergestellt wurde, folgerichtig das im militärischen Schriftverkehr benutzte aus ausgedienten Uniformstoffen. Und die waren in Preußen nun einmal blau. Wollte man einen preußischen Offizier loswerden, sandte man ihm die meist höchst unwillkommene schriftliche Aufforderung, seinen Abschied einzu-reichen. Die schlechte Nachricht stand auf Papier von bläulicher Farbe. Ein Blauer Brief wurde also zugestellt.

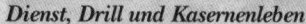

Nichts zu melden haben

ohne wichtige Bedeutung sein

Wer „nichts zu melden hat", der bekleidet eine untergeordnete Position, gibt keine Anweisungen, sondern hat zu gehorchen. Die Redewendung wird heute auch abwertend gebraucht, um jemanden zu beschreiben, dessen Meinung angeblich niemanden interessiert.

In der Militärsprache ist diese Wendung auch heute noch gängig. Bei den Soldaten hat nämlich nur der etwas zu melden, also sich – wie und womit auch immer – zu artikulieren, der irgendeine Funktion in der Militärhierarchie innehat. Wer also „nichts zu melden hat", der ist quasi nicht existent, eine bedeutungslose „Unperson", das allerletzte Glied in der militärischen Hierarchiekette.

1. Weltkrieg, Westfront.- Deutsche Artillerie, Geschützstellung

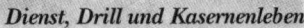

Jemanden anblaffen

jemanden anschnauzen

Man könnte auch „anfahren" sagen, in jedem Fall aber ist das „Anblaffen" eine höchst unfreundliche Art, mit jemandem umzugehen.

Ganz sicher ist man sich nicht, woher diese alte Redewendung stammt. Ziemlich wahrscheinlich ist, dass sie ebenfalls unter Soldaten entstanden ist, die damit lautmalerisch mit der Nachahmung des Knallens (Blaff!") eines Gewehrschusses die lautstarke Zurechtweisung (gern auch „Anschiss" genannt) durch den Vorgesetzten beschrieben haben.

Männchen machen

sich unterwürfig zeigen

„Ach, wie niedlich, sieh mal, der Hund ‚macht Männchen'"! Sagt das jemand über ein Tier, so vollführt dieses gerade ein Kunststückchen, bei dem es sich auf seinen Hinterbeinen sitzend aufrichtet.

Diesen Ausdruck gibt es bereits seit dem 17. Jahrhundert. Auch er entstammt der Soldatensprache. Die unerbittliche Forderung an die Haltung des Soldaten ist es nun mal von alters her, „stramm" zu stehen, insbesondere, wenn ein Vorgesetzter auf den Plan tritt. Von dieser straffen, aufrechten Körperhaltung bis zur Verächtlichmachung solcherlei Verrenkungen durch die Verwendung des Begriffes „Männchen machen" – auch für den militärischen Gruß durch zackiges Anlegen der Hand an die Kopfbedeckung – war der Weg dann nicht weit.

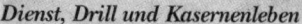

Front machen

sich gegen jemanden oder etwas stellen

Wer gegen einen anderen Menschen oder auch gegen eine Sache „Front macht", der nimmt entschiedene Gegenposition ein – und das durchaus kampfeslustig.

In der Militärsprache ist die Front bekanntlich die vorderste Kampflinie, diejenige also, wo die „Waffen sprechen". Front machen Soldaten aber auch gegenüber Vorgesetzten – nicht unbedingt immer in feindlicher Absicht –, wenn sie vor ihm einzeln, in einer Gruppe oder in Formation Aufstellung nehmen, vorzugsweise auf dem Appellplatz, wenn dem Truppenführer gemeldet wird.

Am Arsch der Welt

sehr weit fort an ödem Ort

Dem einen mag es wie der Himmel auf Erden vorkommen, das einsame Häuschen auf dem Lande, weit weg vom Lärm und Gestank der Stadt, der andere vermeint sich dort „am Arsch der Welt" zu befinden. Gern benutzen wir diese Redewendung, um etwas außerordentlich weit Abgelegenes, auch, um trostlose Einsamkeit zu beschreiben.

Entstanden ist der Ausdruck im Zweiten Weltkrieg unter den deutschen Soldaten der Ostfront. Derb und unmissverständlich, wie Soldatenjargon nun einmal ist, verorteten sie sich – fern der ersehnten Heimat, insbesondere in den beängstigenden, unbekannten Weiten Russlands – sehr anschaulich „am Arsch der Welt".

Die Hammelbeine langziehen
jemanden maßregeln

Ein unangenehmer Vorgang, selbst im umgangssprachlich gebrauchten übertragenen Sinne. Sehr plastisch drückt man damit aus, dass jemand heftig zurechtgewiesen wird.

Will man einen Hammel nach der Schlachtung enthäuten, muss man ihm dazu die Beine langziehen. Erst im 20. Jahrhundert ist diese Redewendung auch umgangssprachlich aufgetaucht, und zwar – wenig verwunderlich – zunächst unter den Soldaten, die damit anschaulich eine besonders schlimme Zurechtweisung durch Vorgesetzte beschrieben.

Die Hacken zusammenschlagen
übertrieben militärisch auftreten

Verächtlich sagen wir heute über jemanden, der sich allzu folgsam, ja unterwürfig zeigt, er „schlage die Hacken zusammen". Diese Redewendung ist geradezu ein Synonym für die angeblich typisch deutsche Neigung zum bedingungslosen Gehorsam. Das hat natürlich einen nachvollziehbaren Grund, und der findet sich im früheren Formaldienst der Soldaten: Nahm ein Soldat „Grundstellung" ein, dann zog er die Füße zusammen, bis die Stiefel in exaktem Winkel nebeneinander standen. Dabei schlugen nicht selten die Hacken zusammen und es entstand das typische Knallgeräusch. Früher wurde das Hackenknallen sogar gefordert, gehörte zur Formalausbildung. Zur Beruhigung für alle, die es nicht wissen: In der Deutschen Bundeswehr ist das Hackenknallen, diese servile Albernheit, seit jeher verpönt.

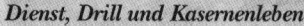

Auf Schritt und Tritt folgen

lästig an jemandem hängen

Verfolgt man jemanden überall hin, bleibt dabei immer dicht an ihm dran, ja passt sich sogar seiner Gangart, also seinem Vorgehen an, dann „folgt" man ihm „auf Schritt und Tritt". Dies ist ein Ausdruck, der sowohl auf Gefolgsleute aller Art und in jedem Metier angewendet wird, als auch auf Bewacher, die jemanden nicht entkommen lassen wollen.

Der Gleichschritt ist für den geordneten Marsch von Formationen unverzichtbar. Soldaten marschieren seit Tausenden von Jahren auf diese Weise. „Schritt und Tritt" sind die Bestandteile des Gleichschritts. Der „Schritt" sagt etwas aus über die Entfernung, die das jeweilige Bein zurücklegt, der „Tritt" ist durch den Marschrhythmus bestimmt. Soldaten marschieren also „im gleichen Schritt und Tritt". Daher stammt denn auch diese Redewendung.

Gardemaß haben

groß gewachsen sein

Eine auffällig große, stattliche Person hat umgangssprachlich auch heute manchmal „Gardemaß", wenn auch damit keine festen Größenvorstellungen mehr verbunden werden.

Das war zur Zeit der Entstehung dieses Ausdrucks ganz anders: Sehr genau war vorgeschrieben, was unter diesem Begriff zu verstehen war, nämlich sechs Fuß „Rheinisches Maß", was umgerechnet etwa 1,88 m entspricht. Bei der Auswahl der Männer für die „Potsdamer Riesengarde", wie sie auch genannt wurde, war das berühmte

„Gardemaß" ein wichtiges Kriterium. So groß werden die „Langen Kerls" im Leibregiment Friedrich Wilhelm I., des „Soldatenkönigs" wohl keineswegs alle gewesen sein. Da zur Uniform der Garde aber eine gewaltige Mütze gehörte, reichten die „Langen Kerls" damit stets annähernd an zwei Meter heran und boten so den beabsichtigten martialischen, einschüchternden Anblick. Gegründet hat Friedrich Wilhelm I. diese Elitetruppe schon 1709, als er noch Kronprinz war. Es ist überliefert, dass er davon ausging, die großen Soldaten könnten auch Gewehre mit längerem Lauf handhaben, also besser bewaffnet werden als die normale Truppe. Und das war ihm wichtig – schließlich wurde die Leibgarde allein zu seinem persönlichen Schutz aufgestellt..

Alter Schwede!
Donnerwetter!

Höchstes Erstaunen, Überraschung, aber auch Bewunderung äußert jemand, der sich dieses Ausrufes bedient. Er wird im Sinne von „Donnerwetter!" gebraucht – und das schon seit sehr langer Zeit.
Kaum war der Dreißigjährige Krieg (1618–1648) beendet, warb Kurfürst Friedrich Wilhelm von

Langer Kerl der Riesengarde Friedrich Wilhelms I.: Grenadier Schwerid Rediwanoff aus Moskau

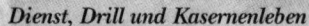

Brandenburg, genannt „Der Große Kurfürst", im schwedischen Heer Ausbilder für seine Truppen an. Da die meisten eigenen Unterführer gefallen waren, wurden diese schwedischen Soldaten, die sich ausgezeichnet aufs soldatische Handwerk, besonders aber auf den Drill verstanden, als Korporale für die Ausbildung eingesetzt. Unter den jungen Soldaten machte sich schnell der Begriff „Alter Schwede" für ihre ausländischen Vorgesetzten breit und fand bald auch Eingang in die Umgangssprache.

Dumm aus der Wäsche gucken
einen wenig intelligenten Gesichtsausdruck haben

Setzt jemand einen nicht sonderlich intelligenten Gesichtsausdruck auf, vornehmlich, wenn er verblüfft wurde/ist, dann sprechen wir manchmal davon, er gucke/schaue „dumm aus der Wäsche".

Diese Redensart findet sich noch nicht allzu lang in der deutschen Umgangssprache. Entstanden ist sie unter den Soldaten des Zweiten Weltkrieges. Alles beim Militär ist durchorganisiert, und immer wird versucht, für alle Tätigkeiten die passenden Leute einzuteilen. Die „Wäschesoldaten" (ja, die gab's wirklich!) hatten die Aufgabe, durch die Stellungen zu fahren, um bei ihren Kameraden die schmutzige Wäsche abzuholen und frische auszugeben. Dass für diese Tätigkeit nicht die hellsten Lichter ausgesucht wurden, liegt auf der Hand. Schnell wurden die armen Kerle daher zur Zielscheibe des Spotts, weil sie angeblich „dumm aus der Wäsche guckten".

Da springt/fliegt mir der Draht aus der Mütze!

Jetzt reicht´s mir aber!

Wenn jemand sich sehr aufregt, fassungslos ist, dann „springt ihm" schon mal sprichwörtlich „der Draht aus der Mütze".

Der militärische Ursprung dieser Redewendung ist schnell erklärt: Die Schirmmützen der Soldaten haben alle einen eingelegten Mützendraht, der dafür sorgt, dass die Kopfbedeckung gut in Form gehalten wird. Eine Schirmmütze ohne diese Drahtverstärkung würde dem Träger lappig über die Ohren hängen, statt eindrucksvoll zu „stehen". Es muss also schon ein unerhörter Vorgang sein, der – wenn auch nur sprichwörtlich – dazu führt, dass „der Draht aus der Mütze springt" oder „fliegt" …

Mit jemandem Schlitten fahren

jemanden übel misshandeln

Wird jemand rücksichtslos, oft gar unmenschlich grausam bestraft, so „fährt man" mit ihm „Schlitten".

Dass diese Redewendung aus der Soldatensprache stammt, ist zwar unstrittig, jedoch bleibt unklar, in welchem Zusammenhang sie entstanden sein könnte. Vielleicht hat es etwas damit zu tun, dass in früheren Zeiten im Winter die Gefallenen mit Schlitten vom Gefechtsfeld abtransportiert wurden – ein Vorgang, den man ungern beobachtete und von dem man selbst verständlicherweise unter allen Umständen verschont bleiben wollte.

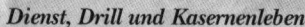

Aus dem Tritt kommen

nicht mehr mithalten können

Ist jemand dermaßen verunsichert, dass er völlig aus dem Konzept gerät, seinen Rhythmus verliert, dann sprechen wir davon, er sei „aus dem Tritt" gekommen. Soldaten marschieren im Gleichschritt, denn nur so ist gewährleistet, dass eine große Anzahl von Menschen sich in einer Formation geordnet vorwärts bewegen kann, ohne sich gegenseitig in die Hacken zu treten und übereinander zu fallen. Gerät dabei jemand aus dem Tritt, hält er also den Rhythmus des Gleichschritts nicht ein, fällt die Formation auseinander. So erklärt sich der Ursprung auch dieser Redewendung aus dem täglichen Dienst der Soldaten.

Auf Tauchstation gehen

sich verstecken

„Auf Tauchstation" geht jemand, der sich versteckt und versucht, sich unsichtbar zu machen, vor allem bei drohender Gefahr. Er taucht also im wahren Wortsinn unter. Vermutlich mit dem Einsatz der U-Boote im Ersten Weltkrieg ist diese Redewendung von der Militärsprache in den allgemeinen Sprachgebrauch übergegangen. „Auf Tauchstation!" war ein Befehl für die U-Boot-Besatzungen der Kriegsmarine. Er wurde gegeben, bevor das Kommando „Fluten" erfolgte, mit dem man den Tauchgang des U-Boots einleitete. Jeder an Bord war in diesem Fall für eine bestimmte „Tauchstation" eingeteilt, die er einzunehmen hatte.

U-Boothafen in Kiel, 1914

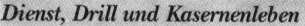

Fluchen wie ein Landsknecht
sich der Fäkalsprache bedienen

Wer sich besonders deftiger, ja obszöner Flüche bedient, dem wird schon mal nachgesagt, er „fluche wie ein Landsknecht".

Die Ausdrucksweise der Soldaten war und ist immer von einer großen Lust an Deutlichkeit, oftmals Derbheit gekennzeichnet gewesen – und nicht nur in früheren Zeiten. Diese Redewendung allerdings ist tatsächlich schon im 15. Jahrhundert unter den Landsknechten entstanden, die man durchaus als die ungemein einfallsreichen Protagonisten des Militärjargons ansehen darf – für ihre Fäkalsprache und ihre oftmals sogar gotteslästerliche Ausdrucksweise überall bekannt.

Sich am Riemen reißen
sich zusammennehmen

Benimmt sich jemand daneben, gibt er sich keine Mühe oder zögert er, etwas zu tun, dann fordert man ihn auf, sich „am Riemen zu reißen".

Erst im 20. Jahrhundert fand diese Redensart ihren Eingang in die Umgangssprache. Der Ursprung liegt im Formaldienst der Soldaten. Beim Antreten der Truppe hatte ein jeder darauf zu achten, sich in seiner Uniform sauber und korrekt zu präsentieren. Dazu gehörte auch, dass das Koppelschloss des Ledergürtels, der über dem Uniformrock getragen wurde, genau in der Mitte saß. War das nicht der Fall, musste der Soldat „am Riemen reißen", bis die mittige Position dieses Gürtelschlosses hergestellt war.

Jemanden zu etwas vergattern

jemanden auf etwas einschwören

Wird jemand ausdrücklich für eine wichtige Aufgabe in die Pflicht genommen, nennt man das auch eine „Vergatterung".

Der Begriff stammt unzweifelhaft aus dem Militärwesen. Zogen (und ziehen noch heute) Soldaten zur Wache auf, erhalten sie für die Ausübung dieses besonderen Dienstes auch besondere Rechte und Pflichten, nämlich die der Wachsoldaten. Diese Aufgaben und Befugnisse sind allerdings zeitlich auf die Dauer der Wachperiode begrenzt. Vor Antritt des Wachdienstes erfolgt durch den Wachhabenden oder einen anderen Wachvorgesetzten die formelle „Vergatterung", der militärische Begriff dafür, ab sofort im Wachdienst zu stehen.

Russischer Wachsoldat im zaristischen Russland

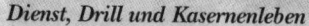

Nur Bahnhof verstehen
nichts kapieren

Wenn man nichts begreift von dem, was einem gerade gesagt wird, dann „versteht man" umgangssprachlich auch heute vielfach nur „Bahnhof".

Entstanden ist diese Redewendung unter den Soldaten des Ersten Weltkrieges. Als sie verzweifelt in ihren trostlosen Stellungen unter ständigem Beschuss lagen, konnten die Männer eigentlich nur noch an eines denken: Wann und wie komme ich wieder nach Hause? „Bahnhof" wurde zum Synonym für die Fahrt in die Heimat. Von anderen Dingen wollte man nichts mehr hören, blockte jede unliebsame Nachricht, jeden der mittlerweile sinnlos erscheinenden Befehle damit ab, dass man unwillig ausrief: „Ich verstehe nur noch Bahnhof!"

Etwas Revue passieren lassen
sich bildhaft an etwas erinnern

Lassen wir etwas an unserem geistigen Auge vorbeiziehen, so erinnern wir uns intensiv daran oder „lassen es", anders ausgedrückt, „Revue passieren".

Die Herkunft dieser Redensart ist strittig. Viele Möglichkeiten bieten sich an, zum Beispiel, dass Vorstellungen auf der Schaubühne (sog. Revuen) zur Übernahme in die Umgangssprache geführt haben. Vielleicht aber auch wurde hier ein alter Ausdruck aus der Militärsprache übernommen, der früher für Paraden und Truppenschauen verwendet wurde. Der Befehlshaber nämlich „nahm die Revue ab" (der vorbeiziehenden Soldaten und Waffen).

Kohldampf

großer Hunger

Wahrlich einen Mordshunger hat der, der „Kohldampf schiebt". Zwar stammt dieser Begriff nicht aus dem Militärischen, sondern aus dem Rotwelsch, ist aber seit langer Zeit fester Bestandteil der Soldatensprache und hat von daher kommend Eingang in die Umgangssprache gefunden. Rotwelsch ist die Bezeichnung der uralten Gaunersprache, die sich aus verschiedenen Quellen herausgebildet hat und hebräische, jiddische und romanische linguistische Elemente enthält. Im Rotwelsch bedeuten die Wörter „Dampf" und „Kohler" Hunger. Die daraus entwickelte Tautologie „Kohldampf" eignete sich bei der bekannten Vorliebe von Soldaten für plastische Begrifflichkeiten hervorragend, um besonders großen Hunger auszudrücken.

Weitab vom Schuss

in ungefährlicher Lage

Wer weit entfernt ist von allem Geschehen, besonders aber von jeglicher Gefahr, der ist auch heute umgangssprachlich „weit ab vom Schuss".

Unschwer lässt sich diese Redewendung geradewegs aus der Militärsprache ableiten. Soldaten strebten und streben noch heute meistens mit Nachdruck eine Tätigkeit an einem Ort an, der so weit wie nur möglich entfernt liegt vom Gefechtsfeld, von dort also, wo die „Luft eisenhaltig" ist. Allzu gern nur ist jeder Soldat, dem sein Leben lieb ist, möglichst „weit ab vom Schuss".

Die Französische Revolution veranlasste Preußen, im Bündnis mit Österreich zu einer gegenrevolutionären Invasion. Gemälde aus dem Jahr 1835 von Jean-Baptiste Mauzaisse.

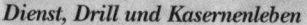

Auf Trab bringen

antreiben

Treibt man jemanden an, dann bringt man ihn sprichwörtlich „auf Trab". Noch näher an die Quelle dieser Redensart führt der Begriff „anspornen", der Gleiches bedeutet.

Wie nicht schwer zu erraten, stammt dieser Ausdruck aus der Reiterei, namentlich der Kavallerie. Die berittenen Truppen brachten ihre Pferde auf Trab, indem sie Peitsche und Sporen einsetzten, beides für das Reittier höchst unangenehme, schmerzhafte Mittel, was wiederum den Sinn der Redewendung nur allzu deutlich macht.

Spießruten laufen

von allen Seiten kritisiert oder verhöhnt werden

Immer fühlt sich jemand persönlich herabgewürdigt, verspottet, ja verhöhnt, wenn er sagt, er habe „Spießruten laufen müssen". Diese Redewendung wird auch heute noch viel benutzt, wenn wir einen Vorgang beschreiben wollen, bei dem ein Mensch in erniedrigender Weise „vorgeführt" oder auf ähnliche Art schikaniert wird.

Der Ausdruck lässt sich direkt zurückverfolgen zum „Spießrutenlauf", einer entwürdigenden militärischen Bestrafung, die vom 16. bis ins 19. Jahrhundert hinein gegenüber Missetätern praktiziert wurde. Ein früher Vorläufer dieser drakonischen Strafe war das „Lanzengericht". Die Landsknechte bildeten dabei eine Gasse, die der Verurteilte dreimal zu durchlaufen hatte, und schlugen ihm dabei mit ihren Spießen auf den Leib. Blieb es beim Todesurteil, wurde der Delinquent anschließend von den Lanzen der eigenen Kameraden durchbohrt. Ein kleiner Schritt in Richtung Zivilisation wurde getan, als später von diesem Lanzengericht nur noch der Lauf durch die Gasse übrigblieb, die aber von hundert oder mehr Soldaten gebildet wurde, ein jeder von ihnen mit einer Rute ausgestattet, die auf den entblößten Oberkörper des Spießrutenläufers herabfuhr. Damit der Verurteilte die Tortur auch nicht zu rasch hinter sich bringen konnte, schlug die Trommel den (gemessenen) Takt für seine Schritte, und ein Korporal lief mit der Waffe vor ihm her, um seinen Schritt zu verlangsamen. In Preußen wurde diese grausame Bestrafung 1806 abgeschafft, in Russland erst 1863.

Gräfin Helfenstein bittet Jäcklein Rohrbach um Gnade für ihren Mann.
Im Hintergrund hat das Spießrutenlaufen bereits begonnen.
Kupferstich von Matthäus Merian d. Ä., 1629

Ab durch die Mitte!

Hau ab!

*Spießgasse. Aus dem Frunds-
berger Kriegsbuch von Jost
Amman, 16. Jahrhundert*

„Bloß weg von hier!", schnell verschwinden, ab-
hauen, aber auch „Voran, vorwärts!" – das sind die
unterschiedlichen Bedeutungen von „Ab durch die
Mitte!", wenn wir es heute sagen.

Dieser immer noch recht oft gebrauchten Redensart werden zwei verschiedene Ursprünge
nachgesagt: Einerseits kann die Wendung aus der
Theatersprache stammen, einer Regieanweisung
folgend, nach der die Akteure „durch die Mitte",
also den mittleren Bühnenausgang „abgehen" sollten. Näher aber liegt der Schluss, dass wir es hier
ebenfalls mit einem sprachlichen Relikt aus dem
eben besprochenen „Spießrutenlaufen" zu tun
haben. Der Befehl nämlich, mit dem der bedau-
ernswerte Delinquent in die lange Gasse aus Soldaten geschickt wurde, die mit Ruten
auf ihn einschlugen, lautete „Ab durch die Mitte!"

Jemandem eine Zigarre verpassen

jemanden scharf zurechtweisen

Ein wenig aus der Mode gekommen, aber dennoch immer noch gebräuchlich ist
diese Redensart, mit der man ausdrückt, jemand erhielte eine Rüge, werde getadelt

oder auch zurechtgewiesen. Nicht ganz klar ist, woher diese Formulierung kam, als sie ihren Weg in die Umgangssprache genommen hat. Eine der Deutungen weist auf eine Sitte im Offizierskorps bis etwa in die Zeit des Ersten Weltkrieges. Musste ein Untergebener, meistens ein jüngerer Offizier, sich bei seinem Vorgesetzten wegen einer Verfehlung melden, bot ihm dieser zunächst eine Zigarre an, um dem unangenehmen Gespräch ein wenig die Schärfe zu nehmen. So „holte sich" der Delinquent nur „seine Zigarre ab" – und konnte damit sein Gesicht als Offizier und Vorgesetzter seines Truppenteils wahren.

Über die Wupper gehen
sterben, verschwinden

Dieser Ausdruck steht heute redensartlich für etwas oder jemanden, das oder der verloren geht oder stirbt.

Schon im 17. Jahrhundert hat die Redewendung „der ist über die Wupper gegangen" ihren Einzug in die allgemeine Umgangssprache gefunden. Entstanden ist sie in der Grafschaft Mark, die damals zum Königreich Preußen gehörte. Sie grenzte an das Herzogtum Berg, das bis 1806 (und danach noch eine Zeitlang als Großherzogtum) eigenständig war. Der Grenzfluss, an dem der Machtbereich Preußens endete, war die Wupper. Junge Männer entzogen sich damals in großer Anzahl dem Dienst in der preußischen Armee dadurch, dass sie diesen Grenzfluss überquerten, wörtlich also „über die Wupper gingen".

Bild oben: Heimgekehrte Garde-Schützen vor dem Brandenburger Tor, 1918
Bild unten: Defensionskaserne in Königsberg

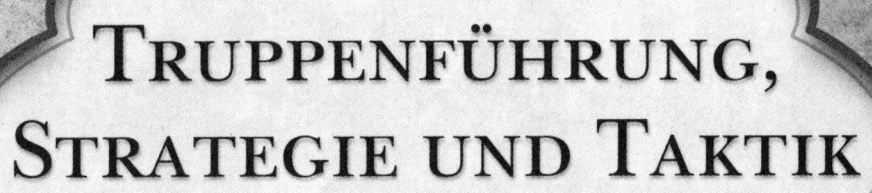

TRUPPENFÜHRUNG, STRATEGIE UND TAKTIK

Von Himmelfahrtskommandos und Großkampftagen

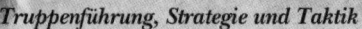
Aus der Reserve locken

jemanden reizen

Schafft man es, jemanden dazu zu bringen, seine Zurückhaltung aufzugeben, sein Schweigen zu brechen, sein Wissen auszuplaudern, dann hat man ihn sprichwörtlich „aus der Reserve gelockt".

Die „Reserve" sind im militärischen Sprachgebrauch seit alters her die gedienten Soldaten, die zu einer erneuten Einberufung zu den Waffen zur Verfügung stehen. Wenn es galt, wieder einmal einen Krieg zu führen, reichten in der Regel die aktiven Soldaten unter Waffen nicht aus. Man berief daher die Reservisten ein und, wo dies legal nicht möglich war, lockte sie mit allerlei Anreizen, meistens mit Geldprämien, zurück in den Dienst.

Deutsche Soldaten beim Üben des Bajonettfechtens, 1914

Not am Mann

Jetzt wird´s ernst.

Not am Mann" ist umgangssprachlich immer dann, wenn große Gefahr droht.

Als im Krieg die Soldaten noch Mann gegen Mann kämpften, noch keine Waffen mit großer Schussweite oder gar Zielfernrohre hatten, standen sie sich im wahren Wortsinn „Auge in Auge" gegenüber – zunächst mit

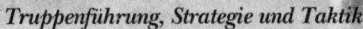

Schwert und Schild, später mit aufgepflanztem Bajonett. Die Gefahr, die „Not" also, war dabei buchstäblich direkt „am Mann".

Himmelfahrtskommando
lebensgefährlicher Auftrag

Eine Aufgabe, von der man weiß – oder zumindest vermutet –, dass sie nicht erfolgreich zu erfüllen ist, dass man an ihr scheitern wird, die aber dennoch unbedingt übernommen werden muss, nennt man manchmal ein „Himmelfahrtskommando". Dieser Ausdruck kommt aus der Soldatensprache. „Himmelfahrtskommandos" sind beim Militär hochriskante Aufträge, die fast unweigerlich zum Tode dessen führen, der sie auszuführen hat. Es gibt viele Beispiele für solche Befehle, mit denen Soldaten durch vermintes Gelände geschickt, zum Entschärfen eines Blindgängers eingeteilt oder unter Dauerbeschuss auf ein frei einsehbares Schlachtfeld beordert wurden. Nicht zu verwechseln sind „Himmelfahrtkommandos" (als Aktionen, die immer befohlen werden), auch wenn sie meistens tödlich enden, mit freiwilligen Aktionen der Selbsttötung fanatisierter Krieger. Für solche sind die „Kamikaze"-Einsätze der Japaner ein bekanntes Beispiel, bei denen sich Piloten mitsamt ihren Maschinen ins Ziel stürzten und dabei umkamen.

Das Wasser abgraben
jemandem die Grundlage entziehen

Schadet man jemandem nachhaltig, wird ihm sogar die Lebensgrundlage entzogen, so „gräbt" man ihm „das Wasser ab".

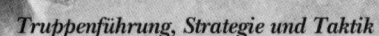

Die Redensart ist uralt und stammt aus der Militärtaktik sehr früher Zeiten. Bei der Belagerung einer Festung kam man an die Burgmauern zunächst nicht heran, da meistens ein mit Wasser gefüllter breiter Burggraben im Wege war. Dieser bewirkte auch, dass die Belagerer in Sichtweite der Wächter auf den Zinnen gehalten wurden, von wo aus diese ihre Pfeile auf sie abschießen konnten. Gelang es aber, das Wasser aus dem Burggraben durch einen rasch gebauten Abflusskanal ablaufen zu lassen, „gruben" die Angreifer also der Festung „das Wasser ab", dann war es ein Leichtes, bis an die Fundamente vorzurücken, um weitere Maßnahmen zur Erstürmung einleiten zu können.

Bis aufs Messer
ohne Gnade

Wer „bis aufs Messer" kämpft, der greift dabei sprichwörtlich zu allen Mitteln, streitet fanatisch und mit letzter Verbissenheit – worum und wofür auch immer.

Die Herkunft dieser Redewendung ist umstritten, jedoch spricht viel dafür, dass auch sie einen militärischen Ursprung hat. Bei der Belagerung der spanischen Stadt Saragossa durch die napoleonischen Truppen zu Beginn des 19. Jahrhunderts verweigerte nämlich der Stadtkommandant, ein spanischer General namens José de Palafox y Melci, die Kapitulation hartnäckig. Er hat der Überlieferung nach dabei die Worte gebraucht: „Krieg bis aufs Messer!", wollte also ausdrücken, dass die Verteidiger (inklusive der Bewohner) Saragossas zur Not mit den primitivsten Waffen kämpfen würden, bevor sie eine Aufgabe ihrer Stadt auch nur in Erwägung zögen. Wie ein Schlachtruf war diese ungemein plastische, zu vermeintlichem Heldentum

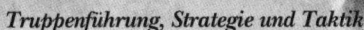
anreizende Formulierung bald in aller Munde und hat vermutlich auf diese Weise ihren Einzug in die Umgangssprache genommen.

Die Redewendung wirkt so wunderbar dramatisch, dass auch einer der berühmtesten Filme von Alfred Hitchcock (The Skin Game, 1931) in seiner deutschen Fassung den Titel „Bis aufs Messer" erhielt. Dem Streifen war trotz Hitchcocks erklärtem Desinteresse am Stoff, der einem Theaterstück des Literaturnobelpreisträgers John Galsworthy entstammt, ein ansehnlicher Erfolg an den Kinokassen beschieden.

Etwas abblasen

etwas jäh beenden

Sagt man etwas wieder ab, das geplant war – eine Konferenz, eine Reise, gar die Hochzeit –, dann spricht man davon, es werde „abgeblasen". Vor allem, wenn es sich um ein aufwändiges Ereignis handelt, das unter wenig rühmlichen Umständen – oft auch kurzfristig noch – wieder aufgegeben wird, wird gern diese Redewendung gewählt.

Sächsische Armee - Husaren 1806

Nicht schwer zu erahnen, dass die Umgangssprache auch hier eine militärische Formulierung übernommen hat: Als die Soldaten noch keine Feldfernsprecher oder gar Funkgeräte in ihren Stellungen

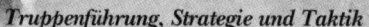
hatten, fiel die Aufgabe, Signale zu geben, den Hornisten in der Truppe zu. Sie bliesen auf ihren Instrumenten Fanale zum Angriff, aber auch Signale zur Einstellung der Kampfhandlungen. In letzterem Falle hatten sie also den Auftrag, den Kampf „abzublasen".

Soldatenwerbung im 18. Jahrhundert

Die Werbetrommel rühren

Reklame machen

Gewaltig Reklame macht der, der „die Werbetrommel rührt". Der Ausdruck wird vor allem für besonders aufdringliche, als unangenehm empfundene Propaganda verwendet.

Schon seit dem 17. Jahrhundert kennt unsere Umgangssprache diese Redewendung. Auch in jener Zeit war es nicht leicht, Leute für den Waffendienst anzuwerben. Wenn heute die Wanderausstellung „Unsere Bundeswehr" bei Volksfesten und auf Ausstellungen um Freiwillige wirbt, so unterscheidet sich diese Werbemaßnahme im Grunde nur unwesentlich von den viel früheren Aktionen dieser Art. Auch damals versammelten sich die Werber auf Straßen und Marktplätzen, um neue Soldaten für den Dienst in der Truppe zu verpflichten. In Ermangelung von Lautsprechern machten sie auf sich aufmerksam, indem sie heftig trommelten, also „die Werbetrommel rührten".

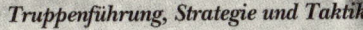

Auf die Barrikaden gehen

sich massiv für oder gegen etwas einsetzen

Besonders heftig setzt dich derjenige für eine Sache ein, der sprichwörtlich „auf die Barrikaden geht". Aber auch für massiven Widerstand steht diese Redewendung – und dafür, dass jemand sich aufregt und seine Ablehnung hör- und sichtbar macht. „Barrikaden" gibt es im Deutschen erst etwa ab dem 16. Jahrhundert in leichter Abwandlung des französischen „barricade", das wiederum von „barrique" (das Fass) abstammt und für bewegliche, schnell auf- und abbaubare Straßensperren stand. Aus schnell verfügbarem Material, zum Beispiel aus Kisten, aber eben auch aus Fässern, wurden von den Soldaten solche Sperren errichtet, um sich im Kampf dahinter verschanzen zu können und dennoch durch entsprechende Scharten hindurch freies

Schussfeld zu haben. Wer sich aber gegen die herrschenden Mächte – stets repräsentiert vom Militär – auflehnte, der musste diese Hindernisse erstürmen, „auf die Barrikaden gehen", sie also er- und übersteigen – in Deutschland erstmals während der Revolution1848. Dieser Vorgang, in abertausenden Bildnissen in aller

Juli-Revolution 1830 in Paris

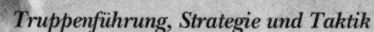

Welt wiedergegeben, wurde zum Inbegriff der Massenaufstände, zum Sinnbild aller Revolutionen seither.

Einen Türken bauen

etwas vortäuschen

Wer „einen Türken baut", der tut das stets in der Absicht, jemanden zu täuschen, ihn hereinzulegen. Gern wird diese Redensart gebraucht, wenn falsche Tatsachen vorgespiegelt werden sollen, wodurch jemand betrogen, also (schon wieder eine schöne, wenn auch nicht militärische Redensart) „an der Nase herumgeführt" wird.

Mehrere Vermutungen über die Herkunft dieser Wendung sind im Umlauf. Wir wollen uns hier auf die beiden beschränken, die besonders einleuchtend sind. Die erste führt uns zurück etwa in das 16. Jahrhundert – und zwar in die Schweiz. Dort wurde in jener Zeit die weit verbreitete Furcht vor den Türken dazu genutzt, dem Volke immer höhere Steuern abzupressen, um damit einen angeblich geplanten Feldzug gegen diesen angeblichen Feind zu finanzieren. Der aber fand niemals statt. Das eingenommene Geld wurde für andere Zwecke ausgegeben – kein auch heute gänzlich unbekannter Betrug des Staates an seinen Steuerzahlern.

Die zweite Herleitung verortet den Ursprung der Redensart ebenfalls beim Militär. Sie scheint die einleuchtendste zu sein: Zur Herrschaftszeit Friedrich Wilhelm IV. als König von Preußen in der Mitte des 19. Jahrhunderts fanden viele Militärmanöver auf dem Truppenübungsplatz Berlin-Tempelhof statt. Dort befand sich zu jener Zeit eine monumentale türkische Grabstätte, die gern in die Gefechtsübungen einbezogen wurde, indem sie einmal zum Gefechtsstand, ein andermal zu einem Munitionsdepot des Feindes erklärt wurde.

Das Feld behaupten

sich durchsetzen

Im Konkurrenzkampf – gleich, auf welchem Gebiet – Sieger zu bleiben, sich und seine Ziele durchzusetzen, das gelingt dem, der sprichwörtlich „das (oder auch sein) Feld behauptet". Das mag ein Konzern sein, der ein wichtiges Marktsegment für sich erobern kann, oder auch jemand, der im Kampf um die Gunst eines Menschen obsiegt. „The Winner Takes It All" haben Abba das in einem Welthit treffend genannt. Das „Feld" steht hier, wie man sich leicht denken kann, für das Schlachtfeld, auf dem seit Menschengedenken der furchtbarste aller Konkurrenzkämpfe ausgetragen wurde und wird, der Krieg. Und wer sich in diesem durchsetzt, der Sieger also, hat „das Feld behauptet".

Bei der Stange bleiben

treu zur Sache stehen

Unverbrüchliche Treue zeigt derjenige, der zu einem Menschen oder einer Sache steht. Von ihm sagen wir in der Alltagssprache auch, er bliebe bei der Stange. Gern wird diese Wendung dann benutzt, wenn es nicht leicht ist, solche Loyalität zu zeigen, wenn dies also allen möglichen Widrigkeiten zum Trotz geschieht.

Wieder einmal stoßen wir bei der Frage, woher diese Redensart stammen könnte, auf die Fahne, genauer gesagt, die Truppenfahne. Diese „flatterte" einst, wie in Liedern vielfach besungen, den in den Kampf ziehenden Soldaten „voran". Wer die Fahnenstange hielt oder zumindest ganz nahe bei ihr blieb, der marschierte scheinbar furchtlos ganz vorn mit, an der Spitze des Angriffs also. Und diejenigen, die sich

*Das Infanterie-Regiment von Prinz Heinrich von Preußen,
gemalt von Richard Knötel*

nur ungern dieser Gefahr aussetzten, versuchten stets, sich weiter hinten einzureihen, weit weg von der Fahne – und schon haben wir beiläufig den Begriff der „Fahnenflucht" gleich mit aufgeklärt. Die Truppenfahne, aber auch die Stange, an der sie hängt, haben noch heute eine hohe symbolische Bedeutung für das Militär. Das zeigt sich zum Beispiel daran, dass Soldaten oftmals bei der Vereidigung den Stoff der Fahne oder aber die Fahnenstange anfassen, während sie ihren Eid schwören.

Wie Zieten aus dem Busch

völlig überraschend

Zugegeben, nicht mehr oft wird diese Redewendung heute gebraucht, aber man hört sie manchmal noch – vor allem in Berlin und im Brandenburgischen. Früher war dieser Ausdruck für höchste Überraschung über das plötzliche, unerwartete Erscheinen von jemandem tatsächlich in aller Munde.

Er geht zurück auf den preußischen Husarengeneral Hans Joachim von Zieten (1699–1786), einem in vielerlei Hinsicht ungewöhnlichen Offizier seiner Zeit. Selbst von kleiner, verwachsener Statur und vermutlich deshalb als junger Mann von unausstehlicher Aggressivität und auffällig durch mancherlei Raufhändel und Undiszipliniertheiten, wurde er später bekannt durch seinen menschlichen Führungsstil, der geprägt war vom Respekt auch vor der Person der Untergebenen. Das jedoch hat seinen Namen nicht in die Alltagssprache geführt, sondern seine vielen militärischen Erfolge im Dienste Friedrich des Großen. Seine wichtigste soldatische Großtat bestand darin, dass er am 3. November 1760 in der Schlacht von Torgau – nachdem alle Angriffe der Preußen auf die Österreicher erfolglos geblieben waren und selbst der König nicht mehr an einen Sieg glauben mochte – in der Abenddämmerung nach eigener Erkundung in unübersichtlichem Gelände mit seiner Truppe einige strategisch bedeutende Stellungen des Feindes im Sturm eroberte. So gelang es ihm im letzten Augenblick, den Österreichern den sicher geglaubten Sieg zu entreißen. Weil er dabei an der Spitze seiner Husaren aus dem Wald hervorbrach (kleine Waldstücke wurden damals auch als „Busch" bezeichnet), hieß der Feldherr von da an im Volksmund nur „Zieten aus dem Busch". Und alle, die (vor allem in ähnlich wagemutiger Weise) plötzlich irgendwo auftauchten, obwohl niemand (mehr) mit ihnen gerechnet hatte, taten das nun auch sprichwörtlich „wie Zieten aus dem Busch".

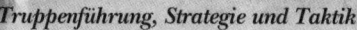

Verbrannte Erde

Verwüstung

Handelt jemand so, dass viele Geschädigte und Betrogene zurückbleiben, wenn er damit fertig ist, so hat er sprichwörtlich nur „verbrannte Erde" hinterlassen. Besonders verwendet man diese Redewendung für aggressive Verkaufsmethoden, beispielsweise für sogenannte „Drückerkolonnen".

Seinen Ursprung hat dieser Ausdruck in einer grauenvollen Militärtaktik, die durch das Kriegsvölkerrecht ausdrücklich verboten ist. Dennoch ist sie in der Kriegsgeschichte bis in die Neuzeit (Vietnamkrieg, Afghanistankrieg, Golfkriege) nur allzu häufig angewendet worden, wenn es auch einige Beispiele mutiger Offiziere gibt, die sich geweigert haben, diese Befehle auszuführen. Den entsetzlichen Höhepunkt verblendeten Wahns stellt der sogenannte „Führerbefehl Verbrannte Erde" des Adolf Hitler vom 19. März 1945 dar, in dem der Diktator – wenige Tage, bevor er sich durch Selbsttötung seiner Verantwortung entzog – anordnete: „Alle militärischen Verkehrs-, Nachrichten-, Industrie- und Versorgungsanlagen sowie Sachwerte innerhalb des Reichsgebietes, die sich der Feind für die Fortsetzung seines Kampfes irgendwie sofort oder in absehbarer Zeit nutzbar machen kann, sind zu zerstören." Wäre dieser Wahnsinn umgesetzt worden, hätten die meisten Deutschen nach dem verlorenen Krieg im eigenen Land nicht überleben können – was schon schwer genug war, denn „verbrannte Erde" hatte der Krieg ohnedies reichlich hinterlassen. Albert Speer, Hitlers Rüstungsminister, ist nicht zuletzt deswegen bei den späteren Nürnberger Prozessen der Todesstrafe entgangen, weil als gesichert angesehen wird, dass er sich diesem Befehl (den man später auch „Nerobefehl" nannte) seines Führers verweigert hat.

Die weiße Flagge schwenken

kapitulieren

heißt sich ergeben, bedeutet Kapitulation. Sprichwörtlich "schwenkt", „hisst" oder „zeigt" jemand „die weiße Flagge" aber auch im übertragenen Sinne, wenn er zum Beispiel in einer Diskussion nachgibt oder im sportlichen Wettkampf seine Niederlage eingesteht.

Das Kriegsvölkerrecht (Haager Landkriegsordnung von 1899) – und damit ist der militärische Ursprung des Ausdrucks schon ausgemacht – nennt die weiße Fahne „Parlamentärflagge" (nach der Bezeichnung für die Unterhändler, die sie tragen). Sie zu hissen oder zu zeigen, bedeutet, dass man sich ergibt, bereit ist, in Verhandlungen einzutreten und bis dahin auf jegliche weitere Kampfhandlung zu verzichten. Dabei hat die weiße Fahne eine lange Geschichte: Schon der römische Geschichtsschreiber Tacitus erwähnt sie als Symbol für die Kapitulation bei den römischen Legionären.

Auf Lager haben

zur Verfügung haben

Wem etwas – durchaus nicht nur materielles – zur Verfügung steht, auf das er jederzeit zurückgreifen kann, der hat etwas „auf Lager". Gern verwendet man diesen Ausdruck bei Leuten, die ein scheinbar unerschöpfliches Repertoire haben, sei es an Anekdoten, an Witzen oder vielleicht auch an Liedern.

Dass diese Redensart ebenfalls aus der Militärsprache stammt, ist am „Lager" erkenn-

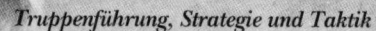

bar, das seit alters her der Ort war, an dem sich die Soldaten im Feld haben sammeln können, um zu essen, zu schlafen, sich vom Kampf zu erholen. Dort, also im Lager, wurden auch die Vorräte aufbewahrt, Nachschub aller Art, vor allem aber die Munition, die im Zusammenhang mit dieser Redewendung bedeutsam ist. Wer nämlich genügend Vorräte, vor allem jedoch Munition „auf Lager" hatte, der konnte seine Waffen neu laden und weiterkämpfen.

Auf die Fahne schreiben
einen Grundsatz formulieren

Schreibt man sich etwas „auf die Fahne", dann steht man fest dazu, kämpft für die Verwirklichung einer Idee oder einer Sache, die einem besonders am Herzen liegt. Schon vor Jahrhunderten haben sich die Truppen unter ihrer Fahne gesammelt. Sie wurde ihnen im Kampfe vorangetragen, war das weithin sichtbare Zeichen ihrer Identität. In der Tat waren diese Truppenfahnen, die früher auch Paniere oder Banner genannt wurden, mit Symbolen, Zahlen, Buchstaben, ganzen Sätzen bestickt. Man schrieb also „auf die Fahne", wer man war, wofür man stand und kämpfte.

Den Sieg an seine Fahnen heften
sich des Sieges rühmen

darf sprichwörtlich derjenige, der gewonnen hat. Wir gebrauchen diese Redensart vor allem für bedeutende Siege, die (mitunter schwer) errungen wurden, gern im Zusammenhang mit sportlichen Wettkämpfen, vor allem beim Fußball.

Die überragende Bedeutung ihrer Truppenfahne für die Soldaten in früheren Zeiten stand Pate beim Übergang dieser Wendung in die Alltagssprache. Große Siege, die in Schlachten errungen wurden, fanden sich in Inschriften auf den Truppenfahnen wieder, manchmal auch in Form von Fahnenbändern, die speziell zu solchen Anlässen feierlich an die siegreiche Truppe übergeben und zur Flagge an die Fahnenstange geheftet wurden. Eine Flagge, auf der viele glorreiche Siege verewigt waren und an deren Fahnenstange manches ehrenvolle Band flatterte, war der ganze Stolz für das Regiment und für dessen Angehörige.

Noch heute gibt es diese Truppenfahnen, ebenso die Fahnenbänder, die zu besonderen Anlässen verliehen werden. Sie haben aber ihre Bedeutung als Fanale zur Identifikation eines Truppenteiles weitgehend verloren.

Von der Fahne gehen
Fahnenflucht begehen, sich abwenden

Wer sich, einer anderen Redewendung folgend, aus dem Staub macht (siehe Seite 45), heimlich flieht, gar ins gegnerische Lager überläuft, der geht umgangssprachlich „von der Fahne". Das kann im heute gemeinten übertragenen Sinne durchaus auch der Fall sein, wenn jemand die politische Partei verlässt oder seine bis dahin vertretene Meinung ändert.

Und auch hier spielt natürlich die Truppenfahne, dieses wichtige Symbol für das, was wir heute corporate identity nennen würden, eine herausragende Rolle. Bei ihrer Fahne versammelten sich die Soldaten, hinter ihr marschierten sie her, unter ihr kämpften und fielen sie. Wer „von der Fahne" ging, war ehrlos, ein Verräter, der seine Kameraden in Stich ließ. Ein Fahnenflüchtiger eben.

Kurfürst Friedrich Wilhelm führt die brandenbugisch-preußische Armee über das Eis des Haffes – von Bernhard Rode um 1783

Ins Treffen führen
argumentieren

Umgangssprachlich nicht allzu verbreitet ist diese Redewendung. Wenn sie benutzt wird, so geschieht dies meistens in der gehobenen Sprache. „Führt" jemand in einem Gespräch, einer Diskussion etwas „ins Treffen", dann bringt er ein Argument gegen etwas vor.

Das „Treffen", das hier Pate gestanden hat, stammt aus der Militärsprache früherer Zeiten und meint ein kleineres Gefecht (im Gegensatz zu einer Schlacht, die aus mehreren solcher einzelnen „Treffen" bestehen konnte). Wurden also die Soldaten „ins Treffen geführt", dann zu dem Zweck, dass sie tatsächlich (auf) den Feind trafen.

Ins Hintertreffen geraten
in schlechte Lage kommen

Eine ungünstige Position hat derjenige, der „ins Hintertreffen gerät". Immer ist heute damit eine schlechte, gar aussichtslose Lage gemeint. Das kann sowohl eine aussichtslose Platzierung bei einem (sportlichen) Wettbewerb betreffen, als auch den Verlust von Marktchancen bei Industrie oder Handel.

Seit dem 18. Jahrhundert ist dieser Ausdruck auch in der Alltagssprache bekannt. Ursprünglich war das „Hintertreffen" eine Position weit hinter der Front, an der das „Treffen" (von „Aufeinandertreffen"), also der Kampf auf dem Schlachtfeld stattfand. Mochte das Hintertreffen auch eine Stelle sein, an der Leib und Leben der Soldaten eher wenig gefährdet waren, so hatten sie dort aber den Nachteil, weder den Ruhm noch Anteile aus der Kriegsbeute für sich beanspruchen zu können.

Eine goldene Brücke bauen

ein entscheidendes Zugeständnis machen

Erleichtert man jemandem die Entscheidung, seine Meinung zu revidieren, sich ehrenvoll aus einer wie auch immer gearteten Position zurückzuziehen, mit der er sich
zu weit vorgewagt hat, so baut man ihm „eine goldene Brücke". Dabei werden Zuge-
ständnisse gemacht, die immer den Zweck haben, dass jemand sein Gesicht wahren
kann, obwohl er einen Dämpfer oder gar eine Niederlage erlitten hat.

Einen besiegten, fliehenden Feind nicht zu verfolgen, soll eine alte Strategie in der
Kriegführung gewesen sein – jedenfalls der Überlieferung nach. Wenn es erforder-
lich für den Rückzug des Feindes gewesen sei (zum Beispiel, wenn ein Fluss seinen
Weg versperrt hätte), habe man ihm sogar noch Brücken bauen sollen, damit seine
Soldaten darüber geordnet abziehen könnten. Und das wären dann die „Goldenen
Brücken" gewesen, aus der sich diese Redewendung herleiten lässt. Hinter dieser
überlieferten Strategie, sollte es eine solche je gegeben haben, standen allerdings mit
Sicherheit keine humanen Aufwallungen, sondern eine der damaligen Bewaffnung
und Ausrüstung geschuldete rein praktische Überlegung: Besser, der geschlagene
Feind zog ungehindert ab, als dass er sich wieder umwandte und eine Verzweiflungs-
schlacht anzettelte.

Großkampftag

… mehr Arbeit geht nicht!

„Großkampftag" nennt man heute in der Alltagssprache einen Tag, an dem man
besonders viel und hart arbeiten muss. Der „Großkampftag" steht manchmal auch

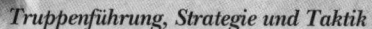

scherzhaft für einen besonderen Tag im Jahresablauf, beispielsweise für den Tag des Frühjahrsputzes oder der Zeugnisvergabe.

Im militärischen Sprachgebrauch, aus dem er zweifellos übernommen wurde, erscheint der „Großkampftag" erstmals am 2. Oktober 1916, und zwar im Heeresbericht zum westlichen Kriegsschauplatz. Er ist offenbar dem damals wachsenden Bedürfnis auch der militärischen Führung geschuldet, den Krieg mit markigen, publikumswirksamen Begriffen auszumalen. Bis dahin hat man, um in den Generalstäben die Belastung der Truppe und damit ihre Einsatzfähigkeit beurteilen zu können, zunächst nur die Teilnahme der Soldaten an bestimmten Schlachten, später dann differenzierter nach Kampftagen registriert. Das wurde mit Eintritt in den Ersten Weltkrieg immer schwieriger, da sich einzelne Tage, an denen der Soldat kämpfen musste, gar nicht mehr zuverlässig angeben ließen. Schließlich waren die Soldaten andauerndem feindlichen Feuer ausgesetzt, kämpften wochen-, gar monatelang unter Beschuss in ihren Stellungen. So erfand man kurzerhand den martialischen Begriff des „Großkampftages", der keinen Tag im eigentlichen Sinn mehr beschreibt, sondern eine besonders herausragende, ja heldenhafte militärische Leistung – und das in besonders wirksamer, propagandistischer Weise.

Tuchfühlung aufnehmen/ Auf Tuchfühlung gehen

in enge Verbindung treten

Heute finden wir diese Redewendung in unterschiedlichen Zusammenhängen: Im Formel-1-Rennen beispielsweise nimmt der Verfolger „Tuchfühlung" mit dem Führenden auf, aber auch Liebende „gehen auf Tuchfühlung", um sich sehr viel näher zu kommen. Im Jahre 1909 erschien das „Handbuch für Heer und Flotte", in dem es heißt: „In Deutschland stehen die Soldaten so dicht nebeneinander, dass sie in der Grundstellung einander in den Ellenbogen fühlen (Tuchfühlung)". Dieser Begriff fand später dann auch Eingang in andere Bereiche des Militärwesens. Man nimmt zum Beispiel „Tuchfühlung" zum Feind auf, indem man sich ihm heimlich und unerkannt nähert – mit dem Zweck, plötzlich und unerwartet (und vor allem ohne lange Vorwarnzeit) angreifen zu können.

In die Bresche springen
sich für jemanden einsetzen

Wer sich für jemanden einsetzt, ihm in einer gefährlichen oder auch nur kritischen Situation zur Seite steht, ihn gar aus einer akuten Notlage rettet (oftmals durchaus mit selbstlosem Einsatz), der springt für ihn „in die Bresche".

Die Redensart stammt aus der Militärsprache des Mittelalters und bezieht sich auf die damals in der Kriegführung unvermeidlichen Belagerungen. Wollte man eine Burg oder auch eine Stadt einnehmen, so scheiterte das oft zunächst an den gewaltigen, im Laufe der Zeit immer ausgeklügelteren Befestigungsanlagen. Die Angreifer versuchten also, diese Wälle oder Mauern an einigen Stellen zu durchbrechen, was ihnen meistens auch gelang. So entstanden Risse oder Lücken in den Befestigungen, durch die hindurch die Angreifer in das Objekt einrücken konnten. Um das zu verhindern, sprangen immer wieder besonders beherzte Verteidiger in diese „Breschen" (vom französischen Wort „bruche" = „Lücke" oder auch dem deutschen Wort „Bruch", hier im Sinne von „Durchbruch") und versuchten, die Eroberer zurückzuschlagen.

Die spanischen und niederländischen Gesandten beschwören am 15. Mai 1648 im Rathaussaal den Frieden von Münster – Gerard ter Borch (1617–1681)

Dem Frieden nicht trauen

misstrauisch sein

Misstrauisch ist derjenige, der „dem Frieden nicht traut". Argwöhnisch vermutet er, vom Anschein einer Sache getäuscht zu werden.

Diese noch heute weithin in unserer Alltagssprache verwendete Redensart stammt aus der Zeit des Dreißigjährigen Krieges – und vor allem aus den Jahren danach. Überall im Lande marodierten fremde Heeresteile, größere Haufen versprengter, mittelloser Soldaten und auch Einzelpersonen, die durch die Kriegshandlungen ihrer bürgerlichen Existenz verlustig gegangen waren. Da mochte der Kaiser immer wieder Dekrete erlassen, die solcherlei Treiben unter Todesstrafe stellten, mochte sogar den „Landfrieden" ausrufen lassen – allein, es half nichts. Reisen war damals eine höchst gefährliche Angelegenheit, denn überall

lauerten verzwei-
felte Veteranen
des Krieges, die
sich durch Über-
fälle am Leben zu
halten versuchten.
Besser also, man
„traute dem Frie-
den" nicht, auch
wenn er von aller-
höchster Stelle ver-
ordnet worden war.

Marodierende Soldaten. Sebastian Vrancx 1647

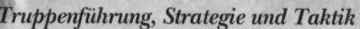

Gefahr im Verzug
Gefahr steht bevor.

Heute ist „Gefahr im Verzug" ein juristischer Terminus aus dem Verfahrensrecht. Er bezeichnet die Situation, dass zum Beispiel ein wichtiges Beweismittel unwiederbringlich verloren ginge, wenn nicht sofort gehandelt würde. Bestimmte gesetzliche Vorschriften, etwa solche, die den Zugang zu einer fremden Wohnung betreffen, werden bei „Gefahr im Verzug" teilweise und zeitlich befristet außer Wirkung gesetzt. Dieser Begriff ist so alt wie kaum eine andere Redewendung, die wir hier betrachten. Der römische Geschichtsschreiber Titus Livius sprach bereits in seiner Römischen Geschichte von „periculum in mora", was wörtlich übersetzt „Gefahr bei Verzögerung" heißt. Er beschrieb damit die gefährliche Lage vor einer Schlacht, die nur noch durch beherzten sofortigen Angriff gewonnen werden konnte. Auch hier also ist der militärische Ursprung einer bis heute nicht nur allgemein gebräuchlichen, sondern sogar juristisch bedeutsamen Wendung klar ersichtlich.

Getrennt marschieren, vereint schlagen
ein Problem taktisch angehen

Hiesen Ausdruck benutzt man hin und wieder auch in der Alltagssprache dann, wenn man ein ganz bestimmtes Vorgehen bei der Lösung eines Problems oder einer Aufgabe beschreiben will. Dies besteht grundsätzlich darin, dass mehrere unterschiedliche Personen oder Gruppen zunächst selbständig und auf sich gestellt auf die Lösung hinarbeiten, sich dann aber zusammenschließen, um die Sache gemeinsam zu einem erfolgreichen Ende zu bringen.

*Gefecht zwischen k.k. Husaren und preußischen Kürassieren
bei Stresetitz – Alexander von Bensa, 1866*

Die Redewendung geht zurück auf den preußischen Generalfeldmarschall Helmuth von Moltke (1800–1891). Er war durch seine genialen strategischen Pläne maßgeblich verantwortlich für die Siege in den drei Einigkeitskriegen. Für die entscheidende Schlacht gegen Österreich bei Königgrätz 1866 schließlich hat er die Strategie „Getrennt marschieren, vereint schlagen" ausgegeben, die darin bestand, dass selbständig operierende Heeresteile den Anmarsch auf den Ort der Schlacht in eigener Organisation und unabhängig voneinander durchführten, sich dann aber im entscheidenden Moment dort zusammenschlossen und den Kampf aufnahmen. Übrigens wäre dieser Plan damals fast noch gescheitert, was etwas mit den allzu optimistischen Vorstellungen des Strategen von Moltke zur Einbindung der noch jungen Eisenbahn in den Nachschubtransport zu tun hatte. Allen Interessierten sei empfohlen, sich einmal mit der Schlacht von Königgrätz näher zu befassen. Sie zeigt beispielhaft, warum Sieg oder auch Niederlage im Krieg eine Frage kühner, aber realistischer Planung sind – überzeugender Strategie eben.

Einen Pyrrhussieg erringen
nur scheinbar siegen

Das sagt man umgangssprachlich dann, wenn jemand eine Auseinandersetzung, eine Diskussion oder einen Wettbewerb gewinnt, dabei aber so viel verliert (zum Beispiel an Ansehen, an Kraft, an Geld), dass ihm der Sieg eigentlich nichts mehr nützt, ja, bei Lichte betrachtet sogar eher eine Niederlage ist – sich zumindest aber so anfühlt. Pyrrhus von Epirus (319/318–272 v. Chr.) war ein König und Kriegsherr der früh-hellenistischen Ära, also im weitesten Sinne ein Grieche. Er besiegte die Römer in der Schlacht bei Asculum im Jahre 279 v. Chr. zwar, aber dieser Erfolg war mit dermaßen starken eigenen Verlusten verbunden, dass Pyrrhus angeblich ausrief: „Noch so ein Sieg, und wir sind verloren!" Frische Truppen standen ihm nicht mehr zur Verfügung, und so war er als Gewinner der Schlacht gezwungen, den besiegten Gegner um Frieden zu bitten.

Alte Zöpfe abschneiden
modernisieren

Wenn jemand gründlich mit alten Ideen, Vorstellungen oder Werten aufräumt, heißt es, er schneide alte Zöpfe ab. Wir nutzen diesen Ausdruck auch heute noch gern, um damit den Aufbruch zu Neuem zu bezeichnen, die mutige Abkehr vom Überkommenen. Deutlich lässt sich in diesem Falle die genaue Herkunft der Redewendung bestimmen: Im preußischen Heer trugen die Soldaten seit der Regentschaft des „Soldatenkönigs" Friedrich Wilhelm I. (1688–1740) Zöpfe. Sein Sohn, Friedrich II. (1712–1786), auch „der Große", schaffte die Zöpfe etwa zwanzig Jahre später wieder ab. Als er befahl, sie abzuschneiden, stand diese Maßnahme gleichsam für eine grundsätzliche Modernisierung des Heeres. Mit dem geflochtenen haarigen Kopfschmuck fielen den Ideen des neuen Herrschers, die man als aufgeklärt-absolutistisch bezeichnen kann, noch manch andere Regeln und Gebräuche in der Truppe zum Opfer. Und nicht nur dort: Als eine der ersten Maßnahmen nach seiner Thronbesteigung schaffte Friedrich der Große die Folter im Lande ab.

Ein Ende mit Schrecken

etwas unter jedem Preis beenden

Ein „Ende mit Schrecken" ist sprichwörtlich einem „Schrecken ohne Ende" angeblich vorzuziehen. Und das, obwohl dieses „Ende mit Schrecken" doch nichts anderes bedeutet, als einer schlimmen oder gar aussichtslosen Lage durch einen schmerzhaften Schritt bewusst und gewollt vorzeitig ein Ende zu bereiten.

Das „Ende mit Schrecken" finden wir schon in der Bibel, genauer im Psalm 73,19. Angeblich hat der deutsche Offizier und Freiheitskämpfer Ferdinand von Schill diese Bibelstelle für seinen Ausruf „Besser ein Ende mit Schrecken als ein Schrecken ohne Ende" verwendet. Diesen Satz soll er nämlich im Mai 1808 – gleichsam als Fanal – auf dem Marktplatz von Arneburg (Elbe) den Menschen zugerufen haben, um sie zum Aufstand gegen die verhasste napoleonische Herrschaft anzustacheln.

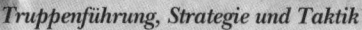

Auf dem Quivive sein

aufmerksam sein

Ist jemand besonders schlau, außergewöhnlich reaktionsschnell, oder aber auch sehr aufmerksam und auf der Hut, dann sagen wir von ihm, er sei „auf dem Quivive".

Die beiden französischen Wörter „qui" und „vive" wurden schon früh zum „Quivive" zusammengezogen, das Wachsoldaten in Frankreich fragend (Quivive? = Wer soll (hoch)leben?) den Leuten zuriefen, die sich ihnen näherten. Die Angerufenen hatten – je nachdem, ob es die Zeit vor oder nach der Französischen Revolution (1789) war – zum Beispiel entweder zu antworten: „Vive le Roi!" (= Es lebe der König!) oder „Vive la révolution!" (= Es lebe die Revolution!) – oder einen anderen vereinbarten Satz. Es war dies die sogenannte „Parole", die sich bis heute beim Militär auf der ganzen Welt gehalten hat, um Freund und Feind unterscheiden zu können.

Rutsch mir den Buckel runter!

Vulgo: Leck mich am Arsch

ist eine recht derbe Aufforderung an jemanden, mit dem man nichts (mehr) zu tun haben möchte. Am Ende des „Buckels", also des Rückens, befindet sich bekanntlich das Hinterteil, auf dem jemand unweigerlich landen würde, der „den Buckel runterrutscht". Und so ist diese Redensart heute ein leidlich feineres Synonym von „du kannst mich am Arsch lecken".

Diese Bedeutung hatte der Ausdruck nicht immer. Es ist unbekannt, wann er im heutigen Sinn seinen Einzug in die Umgangssprache genommen hat, denn das Wort „Buckel" als Synonym für „Rücken" gibt es in der deutschen Sprache erst etwa seit dem 15. Jahrhundert. Dennoch existierte es schon lange vorher, allerdings in der Militärsprache. Als „Schildbuckel" wurde nämlich die dem Feind zugewandte vorgewölbte Seite eines Kampfschildes bezeichnet, den Soldaten in der Schlacht vor sich hielten. In der Mitte war dieser „Buckel" mit einem zusätzlichen Beschlag versehen, um die Schwerthiebe oder Lanzenstöße des Feindes parieren zu können. Wenn also ein Gegner im Kampf Mann gegen Mann besiegt war, fiel er gegen den Schild des Siegers, und der konnte den Verwundeten oder Gefallenen dann sprichwörtlich „den Buckel runterrutschen" lassen.

Nicht lange fackeln
entschlossen handeln

Schnell handeln, nicht zögern, sofort die Initiative ergreifen – das ist heute der Sinn, wenn gesagt wird, jemand „fackele nicht lange".

Um eine Festung, zum Beispiel eine Burg, einzunehmen, bereitete man diesen Angriff im Mittelalter dadurch vor, dass man außen, vor allem am Tor, Feuer legte. Dies geschah mittels lodernder Fackeln, die die Landsknechte an bestimmten Teilen des Objektes hin und her schwenkten, bis das Feuer übergesprungen und der Brand entfacht war. Natürlich versuchten die Soldaten, die als Verteidiger auf den Zinnen saßen, dies dadurch zu verhindern, dass sie mit Pfeil und Bogen auf sie schossen. Dieser Teil der Vorbereitung einer Erstürmung durch den Einsatz brennender Fackeln gehörte daher zu den verlustreichsten, und nur selten hielten sich die Angreifer lange damit auf. Wenn also nicht viele Fackeln an das Objekt gebracht wurden, sondern der eigentliche Angriff schnell und direkt erfolgte, sprach man davon, das „nicht lange gefackelt" würde. Die Redewendung hat demnach heute – zumindest sinngemäß – dieselbe Bedeutung wie in der Zeit ihrer Entstehung.

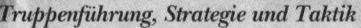

Hinter dem Berg halten

verbergen

Wer etwas verschweigt, also verheimlicht, der „hält" auch heute noch umgangssprachlich damit „hinter dem Berg".

Auch diese alte Redewendung stammt aus der Militärsprache. Immer nämlich versuchte man, Truppenteile, die für die Schlacht zusammengezogen worden waren, im Gelände zu verstecken, um sie vor dem Blick des Feindes zu verbergen. Dazu eigneten sich natürlich vor allem Gräben, hoher Bewuchs (zum Beispiel Buschwerk und Wäldchen), bei größeren Truppenansammlungen aber ganz besonders Hügel. Wer also mit seinen Soldaten hinter solchen Bodenerhebungen in Deckung ging, bis sie zum Einsatz gebracht wurden, blieb für das Auge des Feindes lange Zeit unsichtbar. Im wahren Wortsinn hielt er mit seinen Kräften „hinter dem Berg".

Bei Nacht und Nebel

im Geheimen

Tut man etwas im Verborgenen, heimlich also und außerhalb von Recht und Ordnung, so geschieht dies umgangssprachlich „bei Nacht und Nebel". Vor allem für geheime behördliche oder staatliche Aktionen hat sich diese Redewendung eingebürgert.

Und das hat seinen Grund, denn mindestens bereits im 19. Jahrhundert fanden geheime Militäraktionen, beispielsweise die Vorbereitungen zu Feuerüberfällen und anderen Angriffen, im Sprachgebrauch „bei Nacht und Nebel" statt. Im Zweiten Weltkrieg bekam dieser Begriff dann seinen bis heute fortdauernden grausamen

Beiklang: Am 12. Dezember 1941 erließ das Oberkommando der Wehrmacht auf Weisung Hitlers detaillierte Befehle zur Hinrichtung von Widerstandskämpfern in den besetzten Gebieten oder auch zu deren Inhaftierung und Überstellung in Konzentrationslager. Diese Maßnahmen hatten ohne jede Vorwarnung und abseits aller Gerichtsbarkeit sofort zu geschehen. In den Nürnberger Prozessen hatten sich einige der Angeklagten auch für die Befolgung dieses dann „Nacht-und-Nebel-Erlass" genannten Führerbefehls zu rechtfertigen, denn sie waren Hitler für die gnadenlose Ausführung persönlich verantwortlich.

„Nacht und Nebel" wurde auch zum deutschen Titel eines beeindruckenden französischen Dokumentarfilms (1955) über dieses Thema.

Ultima Ratio
letzte Möglichkeit

Das allerletzte Mittel, der einzige verbleibende Ausweg aus einer völlig verfahrenen Situation, einem schier unlösbaren Konflikt – das bezeichnen wir als „ultima ratio" (lat. „ultimus" = der letzte, der äußerste; „ratio" hier = Mittel, Möglichkeit). Vor allem in der großen Politik spielt dieser Begriff bis heute eine Rolle, beispielsweise als Rechtfertigung zum Eintritt in eine bewaffnete Auseinandersetzung oder gar für den „Krieg als letztes Mittel".

Den Ursprung dieser Redewendung finden wir im Dreißigjährigen Krieg. Die französischen Geschützrohre nämlich trugen die Aufschrift: „Ultima ratio regum" („das letzte Mittel der Könige"). Kardinal Richelieu, der diese martialische „Botschaft" veranlasst hatte, verfolgte damit die Absicht, jedem klarzumachen, dass es das letzte Wort des Königs sei, das einen jeden Konflikt abschließend entschiede. Viel später

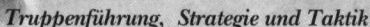

ließ auch Friedrich der Große (ab 1742) – nur geringfügig, aber sehr selbstbewusst verändert – auf die preußischen Kanonen schreiben: „Ultima ratio regis" („das letzte Mittel des Königs"). Gemeint war natürlich sein Wort – wessen auch sonst.

Ultima Ratio Regum – Inschrift auf einer Kanone

DIENSTPFLICHT, KARRIERE UND FORTUNE

Von strengen Regimentern und unsicheren Kantonisten

Mehr sein als scheinen
nicht angeben

Sich niemals in den Vordergrund schieben, nicht angeben, jede Aufschneiderei vermeiden, aber immer hart arbeiten, diszipliniert und gehorsam den Platz annehmen, auf den man gerade gestellt wurde – all das meint auch heute noch die Forderung, man solle „mehr sein als scheinen".

Sie ist eine der Kardinaltugenden für den Dienst als Offizier in der preußischen Armee gewesen, aber schon viel früher, etwa um 200 v. Chr., hat der römische Staatsmann Cato, der Ältere (Cato Censorius), diese Forderung an die Männer formuliert, die dem römischen Reich dienen wollten, egal ob in der Politik oder im Militär.

„Mehr sein als scheinen – viel leisten und wenig hervortreten" – so werden diese Worte später dann in Preußen wiederbelebt, und zwar als Wahlspruch des Generalfeldmarschalls Helmuth von Moltke (1800–1891). Er wurde nicht nur sein Lebensmotto, sondern fand schnell als griffige Formel für eine unverzichtbare Tugend eines jeden preußischen Offiziers Eingang in den militärischen Wertekanon der damaligen Zeit – und in die Alltagssprache im Lande.

Den Marschallstab im Tornister
Die Karriere ist vorprogrammiert.

Sprichwörtlich den Marschallstab im Tornister hat derjenige, dem angeblich alle Mittel, Begabungen und Veranlagung zu eigen sind, um eine außergewöhnliche Karriere zu machen – im heutigen Sprachgebrauch in allen Bereichen, also auch in Wirtschaft, Verwaltung oder Politik.

Das war früher anders, denn, wie am Begriff „Marschallstab" unschwer zu erkennen, bezog sich diese Redewendung allein auf eine Karriere als Offizier beim Militär. Napoléon Bonaparte allerdings wählte seinerzeit diese Worte in einem etwas anderen Zusammenhang. Er wollte damit zum Ausdruck bringen, dass alle seine Soldaten, nicht nur die Offiziere, die unter ihm treu dienten, die Chance auf den Aufstieg in hohe und höchste Ämter in Staat und Militär hätten.

Preußischer Marschallstab von 1895

Noch kurz zur Erläuterung. Der Marschallstab ist eine Insignie der Marschallwürde, des höchsten Dienstgrades in allen früheren europäischen Armeen – und in man chen noch heute. In der Deutschen Bundeswehr gibt es den Marschall nicht mehr, also auch nicht diesen anachronistischen Stab. Er ist ein meistens überaus geschmackloses, teilweise mit edlem Samt überzogenes, kunstvoll verziertes, mit Edelmetall beschlagenes und mit Edelsteinen besetztes Stück Holz, das diese höchsten Militärs ständig mit sich herumzuschleppen hatten. Sie taten es gern, wie sich denken lässt. Eitelkeit ist offenbar durchaus mit dem ansonsten so asketischen Wertekanon der Preußen vereinbar gewesen – und mit der Prunksucht der Militärgrößen in der Nazizeit sowieso.

Kaiser Wilhelm II. bei einer Militärparade am 9. Februar 1894 im Lust-garten in Potsdam. Lithografie von Carl Röchling (1855–1920)

Lametta auf der Brust

hochdekoriert

*Curt von Prittwitz und Gaffron
(1849-1922), deutscher Admiral*

Trägt jemand viel bunten Tand am Rock, dann hat er sprichwörtlich ordentlich „Lametta auf der Brust". Es ist für Jüngere immer wieder ein ungewöhnliches Bild, wenn sich Veteranen der diversen Kriege massenhaft Orden und Ehrenzeichen an bunten Ordensspangen anlässlich nationaler Feier- oder Gedenktage auf die Brust ihrer Zivilanzüge heften. Man beobachtet diese Putzsucht vor allem in den Staaten der ehemaligen Sowjetunion noch heute. Ebenso sind die vielen Reihen von Ordensspangen auf Uniformen von US-Soldaten, vor allem hoher Offiziere, für uns hierzulande ein ungewohntes Bild. Während meiner Dienstzeit als Adjutant eines Luftwaffen-Divisionskommandeurs der Bundeswehr und später bei der NATO habe ich manche solche Uniformjacke über einer Stuhllehne hängen gesehen und sie heimlich einmal kurz angehoben – der blecherne Brustschutz früherer Rittersleut kann kaum schwerer gewesen sein … Entstanden ist diese Redewendung im Ersten Weltkrieg, und zwar zunächst über einen sprachlichen Umweg. Die einfachen Soldaten sprachen nämlich erst von

Vice Admiral John P. Currier, United States Coast Guard

„Christbaumschmuck", wenn ihre Offiziere allzu bunt mit Orden geschmückt vor ihnen herumstolzierten. Der Begriff wandelte sich dann rasch zum „Lametta", was ja auch vielerorts gern an die Zweige eines Weihnachtsbaumes gehängt wird. Die Redewendung war bald ein Synonym für die Prunksucht hoher Militärs – und ist dies bis heute geblieben.

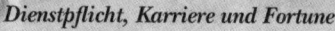

Ein unsicherer Kantonist

ein Unzuverlässiger

Jemand, dem man nicht über den Weg traut, der kein Vertrauen genießt, ist ein „unsicherer Kantonist". Entweder vermutet man, er könne ein Verräter sein, oder man hat bereits feststellen müssen, dass man sich wegen seiner Unzuverlässigkeit auf ihn nicht verlassen kann.

In den allgemeinen Sprachgebrauch wurde diese Redewendung Mitte des 18. Jahrhunderts übernommen, nachdem im Jahr 1733 die Aushebungsbezirke (heute würde man das Wehrkreise nennen) in sogenannte „Kantone" aufgeteilt worden waren. Somit war also nach damaliger offizieller militärischer Sprachregelung ein „Kantonist" jemand, der aus einem bestimmten Wehrkreis geholt und zum Dienst im Heer verpflichtet wurde. Diese Wehrpflicht erfreute sich damals (wie später auch noch) keiner sonderlichen Beliebtheit, in Preußen vor allem angesichts der ständigen Gefahr, unmittelbar in einen der vielen Kriege eingezogen zu werden. Ein „unsicherer Kantonist" war demnach derjenige Dienstpflichtige, der versuchte, sich vor der preußischen Armee zu drücken oder sogar fahnenflüchtig wurde.

Über Leichen gehen

gnadenlos sein

Ein skrupelloser Mensch, der bei der Verfolgung seiner wie auch immer gearteten Ziele – und auf welchem Gebiet auch immer – auf das Wohl seiner Mitmenschen keinerlei Rücksicht nimmt, zudem möglicherweise auch Beschädigungen von Sachen und Werten billigend in Kauf nimmt, der geht sprichwörtlich „über Leichen". Auch für die Karriere mancher Offiziere war dieses Verhalten nicht selten: Um belobigt, ausgezeichnet und befördert zu werden, setzten sie in der Schlacht gelegentlich Leib und Leben ihrer Soldaten auch dann noch ein, wenn die Lage bereits aussichtslos war.

Entwickelt hat sich die Redensart aus der brutalen Realität schon der frühesten Schlachtfelder im Krieg. Die Soldaten mussten weiterkämpfen, vorwärtsstürmen, mochten auch noch so viele ihrer Kameraden bereits gefallen sein, von Lanzen oder später von Kugeln durchbohrt, von explodierenden Granaten und Schrapnellen zerfetzt in ihrem Blut lagen – verstreut über das ganze Schlachtfeld. Dabei war es unausweichlich, dass man über deren Leiber hinwegstieg, gar auf sie trat, um nach vorn zu stürmen. Man ging also im wahren Wortsinn „über Leichen". Ein furchtbares Bild – und eine brutale, drastische Redewendung, die sich daraus für die Alltagssprache gebildet hat.

Ein strenges Regiment führen
keine Nachlässigkeit dulden

Wer „ein strenges Regiment führt", der bevorzugt einen autoritären Führungsstil, hält alles unter Kontrolle und achtet auf Disziplin und Ordnung.

Unschwer erkennbar, dass diese Redensart aus der Militärsprache stammt, denn der Begriff „Regiment" als Bezeichnung eines militärischen Verbandes ist jedem bekannt. Kurz etwas dazu: Militärische Gliederungsformen gab und gibt es viele – von der Gruppe (etwa drei bis fünf Soldaten mit einem Gruppenführer – meistens ein Unteroffizier) über den Zug (bis etwa dreißig Soldaten unter einem Zugführer – meistens ein Feldwebel), die Einheit (zum Beispiel eine Kompanie oder eine Staffel – die

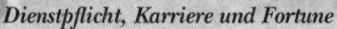

kleinste militärische Gliederungsform, deren Chef, stets ein Offizier, Disziplinarge-walt hat) und den Verband (Bataillon und danach Regiment) bis zum Großverband (zum Beispiel eine Division).

Das Regiment steht also in dieser Redewendung lediglich beispielhaft für die allseits bekannte Strenge, mit der beim Militär geführt wird.

Von der Pike auf gelernt
gut ausgebildet

Von demjenigen, der sein Handwerk, seinen Beruf von Grund auf gelernt, eine um-fassende Ausbildung durchlaufen und viel Erfahrung mit allen Facetten der Tätigkeit gesammelt hat, sagt man, er habe „von der Pike auf gelernt".

Strebt man auch heute noch eine militärische Karriere an, so gibt es verschiedene Stationen, die man durchlaufen muss. Insbesondere trifft dies für die Offizierslauf-bahn zu, die ja nicht von ungefähr eben genau so heißt. Während dieser Laufbahn werden Offiziere immer wieder auf neue und – vorausgesetzt, alles läuft nach Plan – immer verantwortungsvollere Posten versetzt, um genau das zu erreichen, was diese Redensart aussagt: Sie sollen ihren Beruf „von der Pike auf" lernen.

Die „Pike" war in sehr frühen Zeiten bekanntlich die einzige Handwaffe des Land-knechts. Seit etwa dem 18. Jahrhundert hat sich im militärischen Sprachgebrauch Preußens für das Durchlaufen einer ordentlichen Offizierskarriere der Ausdruck „von der Pike auf lernen" eingebürgert.

Seine Pappenheimer kennen
jemanden gut beurteilen können

Wer seine Leute gut einzuschätzen vermag, ihre Stärken und Schwächen kennt, wer genau weiß, wem er was zutrauen kann – und wem besser nicht –, der „kennt seine Pappenheimer". Das kann für die Friseurmeisterin in ihrem Salon ebenso nützlich sein wie für den Chef eines Großkonzerns. Heute aber wird der Spruch oft auch ironisch und mit einem Augenzwinkern gebraucht.

Die Wendung stammt in ihrer jetzigen Form aus Schillers Drama „Wallensteins Tod". Die Pappenheimer – besser: die Grafen von Pappenheim aus dem Altmühltal – waren im 17. Jahrhundert Erbmarschälle. Zu ihren Pflichten gehörte die Organisation des Kaiserlichen Krönungszeremoniells. „Daran erkenn´ ich meine Pappenheimer" lässt Schiller den Wallenstein anerkennend zu einem der Pappenheimer Soldaten sagen, als dieser ihn seines unverbrüchlichen Vertrauens versichert. Die Redewendung war also bei ihrer Entstehung durchaus ernst und respektvoll gemeint, nicht im leicht ironischen Sinn, den sie später bekommen hat.

Das Glück des Tüchtigen
Der Fleißige gewinnt.

Das „Glück des Tüchtigen" kann der sprichwörtlich für sich reklamieren, der viel und hart gearbeitet hat, um dorthin zu kommen, wo er heute steht. Die Redewendung kann man auf alle Bereiche des Lebens anwenden, egal ob es um den Schüler geht, der sein Abitur mit Fleiß geschafft hat, oder um die Sportlerin, die durch unermüdliches Training Spitzenleistungen erbringt. Gemeint ist immer, dass Glück nur zu

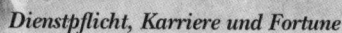

dem kommt, der auch etwas dafür tut – und zwar durch viel Einsatz – aber nicht in der Lotterie.

In seiner „Abhandlung über Strategie" schreibt der preußische Heerführer Generalfeldmarschall Helmuth Graf von Moltke (1800–1891), den ich hier schon oft zitiert habe: „*Über den Ruf eines Feldherrn freilich entscheidet vor allem der Erfolg. Wie viel daran sein wirkliches Verdienst ist, ist außerordentlich schwer zu bestimmen. An der unwiderstehlichen Gewalt der Verhältnisse scheitert selbst der beste Mann, und von ihr wird ebenso oft der mittelmäßige getragen. Aber Glück hat auf die Dauer doch zumeist wohl nur der Tüchtige.*"

Und damit steht der große Stratege auch hier wieder einmal Pate für eine Redewendung, die noch heute in der Alltagssprache oft verwendet wird.

Viel Feind, viel Ehr!
keine Angst vor vielen Gegnern

Heute ist dies keineswegs mehr ein Ausruf, den nur Militärs benutzen würden, sondern im alltäglichen Sprachgebrauch sagen wir „viel Feind, viel Ehr!", wenn wir uns gegen allerlei Widrigkeiten, vor allem gegen menschliche Widersacher, durchsetzen müssen, um an unser gewünschtes Ziel zu gelangen. Und immer ist damit gemeint, dass man den Erfolg umso mehr genießen kann, je härter man sich zu seiner Erlangung hat durchsetzen müssen.

Diese schöne Redewendung ist uralt und geht zurück auf den frühneuzeitlichen Landsknechtsführer Georg von Frundsberg, der 1513 mit seinen hervorragend ausgebildeten, ihm treu ergebenen Truppen einen stärkeren Gegner besiegen konnte. Nachdem er das zahlenmäßig um ein Vierfaches überlegene venezianische Heer bei Creazzo vernichtend geschlagen hatte, rief er stolz aus. „Viel Feind, viel Ehr!".

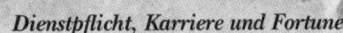

Kein Wunder, dass solch ein griffiger Spruch flugs Einzug in die Umgangssprache gefunden hat

Ein durchschlagendes Argument
ein unwiderlegbares Argument

ist eines, das restlos überzeugt.

Dass wir in unserem Kulturkreis in Diskussionen, quasi in allen verbalen Auseinandersetzungen, dermaßen viele martialische Begriffe benutzen, die allesamt der Militärsprache entlehnt sind, lässt interessante Rückschlüsse auf die Bedeutung des Militärwesens für die Entwicklung auch der Alltagssprache zu. Wir kämpfen in unserer Sprache eigentlich immer, auch wenn wir doch nur reden wollen. Und so wird fleißig um Argumente „gerungen", die jemand „ins Feld" oder gar „ins Gefecht" führt, wir versuchen argumentativ „auf sicheren Boden" zu gelangen und „erkämpfen" uns das Rederecht, auch wenn jemand mit seinen verbalen „Angriffen" mal „schweres Geschütz auffährt" – und so weiter.

Unsere tägliche Sprache ist dem Militär viel stärker verbunden, als wir es oft erkennen oder wahrhaben wollen. Dafür hat dieses kleine Büchlein vielleicht ein wenig sensibilisiert.

Und das war auch schon das Schlusswort.
Bleiben Sie „gut in Schuss", liebe Leser!
Sommer 2015, H. Dieter Neumann

Register

Literatur-/ Quellennachweis

Bücher: Georg Büchmann, Geflügelte Worte, München 1977 • Jacob u. Wilhelm Grimm „Deutsches Wörterbuch", München 1999 • Duden „Redensarten", Mannheim 2007 • Duden „Wer hat den Teufel an die Wand gemalt?" – Redensarten, Mannheim 2014 • Klaus Müller „Lexikon der Redensarten", München 2005
Internet: Redensarten-Index, www.redensarten-index.de • Sprichwörter und Redewendungen, www.sprichwoerter-redewendungen.de/tag/militar • Redensarten.net, www.redensarten.net • Redewendungen: Militär, www.wissenswertes.at
Liste Deutscher Redewendungen, Wikipedia, www.wikipedia.org • Wiki X, Redewendungen, www.wiki-x.de/redewendungen

Bildnachweis

Fotolia: © Erica Guilane-Nachez: 32
wikimedia commons: 2–128 (Georg Bleibtreu); 4 (Julius Schnorr von Carolsfeld); 6 (Gustave Doré); 8 (Wilhelm Camphausen) 13 (Karl Friedrich Gsur); 16 (Bundesarchiv Bild 104-0832); 19 (X.A.v.W.A.); 20–21 (Albrecht Dürer); 25 (William Hogarth) 30 (Snowleopard, Kriegsarchiv Wien); 35 (Viollet-le-Duc); 36, 116–117 (Carl Röchling); 38 (Otto Henne am Rhyn: Kulturgeschichte des deutschen Volkes); 40 (Ernest Blaikley); 42, 90 (Richard Knötel); 46–47 (Francisco Pradilla Ortiz); 48 (Lucas Cranach); 51 (Georg H. Mewes); 52 (Unbekannt); 54 (Bundesarchiv Bild 201-MA34-370-91-21) 60 (Bundesarchiv Bild 102-00282A); 65 (Johann Christoph Merk); 69 (Library of Congress Prints and Photographs Division Washington, D.C. 20540 USA); 71 (Unbekannt); 74–75 (Jean-Baptiste Mauzaisse); 77 (Matthäus Merian d. Ä.) 78 (Jost Amman); 80 (Bundesarchiv Bild 183-R34280, Walter Daugsch, Lorenz Grimoni: Museum Stadt Königsberg in Duisburg. Leer 1998); 82 (Bundesarchiv Bild 136-B1356 – Oscar Tellgmann); 85 (Carl Adolph Heinrich Hess) 86 (Milgesch); 87 (Nicholas-Edward Gabé); 96–97 (Bernhard Rode); 102 (Gerard ter Borch); 103 (Sebastian Vrancx) 105 (Alexander Ritter von Bensa); 112 (Kadin2048); 115 (User:MatthiasKabel); 118 (Familienarchiv, privat) 119 (Petty Officer 3rd Class Eric J. Chandler)

Ebenfalls im Programm des Regionalia Verlages